EDINBURGH 2020

DER ROYAL EDINBURGH MILITARY TATTOO & FESTIVAL GUIDE

HAFTUNGSAUSSCHLUSS

INHALTSVERZEICHNIS

EINFÜHRUNG

Edinburgh war schon immer ein wichtiger Ort, an dem sich Geschichte, Alltag und kultureller Wandel überschneiden und die Sicht der Menschen auf Schottland prägen. Doch im Jahr 2026 steht die Stadt an einem besonderen Wendepunkt. Die Jahre nach der Pandemie haben nachhaltige Spuren darin hinterlassen, wie Menschen reisen, sich versammeln und den öffentlichen Raum teilen. Edinburgh hat diese Veränderungen aufgenommen und ist gleichzeitig seinen Traditionen treu geblieben. Das macht die Stadt nicht nur zu einem Reiseziel, sondern auch zu einer lebendigen Fallstudie dafür, wie sich eine europäische Hauptstadt mit tiefem Erbe weiterhin an den modernen Druck anpasst. Für einen Reisenden, der im Jahr 2026 ankommt, bietet die Stadt sowohl Vertrautes als auch spürbare Veränderungen. Die alten Steingassen, das mittelalterliche Rückgrat der Royal Mile und die vulkanischen Bergrücken, die die Topographie der Stadt bestimmen, sind unverändert. Doch um sie herum und dazwischen fühlen sich die Bewegungsrhythmen, die Art und Weise, wie die Einheimischen Arbeit und Freizeit in Einklang bringen, und die Art und Weise, wie sich öffentliche Feste an die globalen Bedingungen anpassen, etwas anders an als noch vor wenigen Jahren.

Eine Stadt, die Kontinuität und Wandel in Einklang bringt

Auch 2026 ist Edinburgh noch immer eine Stadt des Geschichtenerzählens, der Universitäten und der saisonalen Festivals, doch jedes dieser Festivals hat nun eine geschärfte Zielstrebigkeit. Die August-Festivals, seit langem für ihre enorme Reichweite bekannt, wurden unter Druck gesetzt, Größe, Publikumszugang und Nachhaltigkeit zu überdenken. Statt endlos zu expandieren, haben sich die Organisatoren darauf konzentriert, die Veranstaltungen für Einwohner und Reisende überschaubarer zu gestalten. Für die Besucher bedeutet dies, dass die Menschenmassen zwar bestehen bleiben, der Besucherstrom aber besser gesteuert wird, mit klarerer Zonierung und mehr Rücksicht auf die Auswirkungen auf die Nachbarschaften. Gleichzeitig hat das akademische Herz der Stadt sein internationales Profil geschärft. Die Universität Edinburgh zieht weiterhin Studierende aus aller Welt an, und ihr Einfluss ist im Alltagsrhythmus der Southside und des Marchmont spürbar. Cafés und Studiensäle sind voller Sprachen aus allen Kontinenten und geben dem intellektuellen Leben der Stadt einen ständigen Blick nach außen. Diese Balance zwischen Alt und Neu macht Edinburgh im Jahr 2026 zu einem Ort, an dem sich Stabilität verlässlich anfühlt, der Wandel aber stets sichtbar ist.

Veränderungen bei Reisen und Zugang

Ein weiterer wichtiger Grund, warum Edinburgh im Jahr 2026 von Bedeutung sein wird, ist die veränderte Erreichbarkeit der Stadt. Der Flugverkehr in Europa ist hinsichtlich seiner Emissionen strenger reguliert worden, und die Stadt hat sich daher auf Schienenverbindungen konzentriert. Reisende aus London, Paris oder Amsterdam erleben, dass Züge zuverlässiger sind als zuvor, und die Betonung auf nachhaltigen Transport hat die Ankunftsfrequenz verändert. Die Auswirkungen auf die lokale Infrastruktur sind spürbar. Der Bahnhof Waverley ist geschäftiger denn je, aber Verbesserungen bei Fahrplänen und Einrichtungen haben ihn für die Fahrgäste angenehmer gemacht. Auch in der Stadt hat sich die Verkehrspolitik weiterentwickelt. Die Straßen im Zentrum sind nun stark auf Privatwagen beschränkt, und Gehen oder Radfahren sind viel stärker in die alltäglichen Wege integriert. Dies wirkt sich direkt auf das Reiseerlebnis aus: Die Fortbewegung in Edinburgh ist ruhiger, die Luft fühlt sich sauberer an und das Tempo, das man beim Spazieren durch die Altstadt oder hinunter nach Leith einnimmt, ist Teil der Reise geworden, anstatt davon abzulenken.

Lokales Leben und Tagesrhythmen

Für jeden Besucher verrät ein Blick auf das Leben der Einheimischen im Jahr 2026 genauso viel über Edinburgh wie jedes historische Denkmal. Die Lebenshaltungskosten sind nach wie vor ein wichtiges Thema für die Bewohner und spiegeln sich in den Gesprächen in Pubs, Cafés und Gemeindezentren wider. Die Debatten um den Wohnungsmarkt sind sowohl in der Altstadt als auch in der Neustadt sichtbar, wo Kurzzeitmieten durch Regulierungen neu ausbalanciert wurden. Für Reisende bedeutet dies, dass sich die Verfügbarkeit von Unterkünften verschoben hat: Weniger zentral gelegene Wohnungen werden gelegentlich vermietet, aber lizenzierte Pensionen und Hotels fühlen sich stabiler und zuverlässiger an. Gleichzeitig haben Märkte und Markthallen wieder an Bedeutung gewonnen. Der Stockbridge Market beispielsweise ist für den wöchentlichen Einkauf von Familien zentraler geworden, während an der Uferpromenade von Leith langsam, aber stetig mehr Restaurants mit lokalem Fokus auf Erschwinglichkeit und Innovation entstehen. Durch die Beobachtung und Teilnahme an diesen Orten kann ein Reisender verstehen, wie die Haushalte der Stadt tatsächlich leben, und nicht nur das Bild, das sich den Touristen bietet.

Globale Aufmerksamkeit und kultureller Einfluss

Edinburghs internationale Rolle ist ein weiterer Grund, warum die Stadt im Jahr 2026 von Bedeutung ist. Politisch gesehen ist sie weiterhin Schottlands Hauptstadt, wo Debatten um Unabhängigkeit, Dezentralisierung und die Beziehungen zu Europa nicht abstrakt, sondern Teil der täglichen Medien und Diskussionen sind. Die Stadt beherbergt kulturelle Delegationen, wissenschaftliche Konferenzen und politische Veranstaltungen und ist damit ein Treffpunkt für Ideen und Verhandlungen. Für den Reisenden ist diese globale Rolle vielleicht nicht immer oberflächlich erkennbar, aber sie ist in den Ausstellungen in Galerien, den im Theater behandelten Themen und den Transparenten bei Märschen in der Princes Street präsent. Die Fähigkeit der Stadt, sowohl als Landeshauptstadt als auch als zugängliches Besucherzentrum zu fungieren, macht sie in der britischen Landschaft einzigartig. Dies wird im Jahr 2026 besonders deutlich, wenn Fragen der Identität und Souveränität noch immer aktuell und ungelöst sind.

Warum 2026 ein gutes Jahr ist, um aufmerksam zu sein

Reisende, die Edinburgh im Jahr 2026 besuchen, werden eine Stadt vorfinden, die sich ihrer Belastungen bewusst ist und gleichzeitig an dem festhält, was sie ausmacht. Der mittelalterliche Straßenplan hat sich nicht verändert; Arthur's Seat erhebt sich noch immer als täglicher Spazierweg über der Stadt; die Burg dominiert noch immer die Skyline. Doch die umgebenden Bedingungen – die Art und Weise, wie sich die Menschen bewegen, versammeln, einkaufen und über ihre Zukunft streiten – wirken unmittelbar und drängend. Diese Kombination aus tiefer Kontinuität und sichtbarer Veränderung macht Edinburgh im Jahr 2026 zu mehr als nur einer weiteren Station auf einer Europareise. Sie macht die Stadt zu einem Ort, an dem sich die Schichten von Vergangenheit und Gegenwart nicht nur in den Steinen und Denkmälern ablesen lassen, sondern auch in der Art und Weise, wie die Bewohner ihren Alltag gestalten. Für einen aufmerksamen Reisenden ist es dieses Zusammenspiel, das Edinburgh in diesem Jahr mehr wert macht als nur flüchtige Aufmerksamkeit.

Die Perspektive eines Einheimischen auf die Tattoo- und Festivalsaison

Der Rhythmus der Stadt im August

Für *die* Einheimischen ist der August in Edinburgh von einem ganz besonderen Rhythmus geprägt. Normalerweise ruhige Straßen verwandeln sich in Bühnen, auf denen Menschen aus aller Welt durch enge, geschlossene und breite Alleen strömen. Dudelsackklänge mischen sich unter Gespräche in unzähligen Sprachen, und der Anblick von Künstlern, die in kleinen Winkeln proben, erinnert die Bewohner daran, dass die Stadt nicht mehr nur ihnen gehört, sondern mit der ganzen Welt geteilt wird. Doch hinter all dem Trubel verbirgt sich ein Gefühl des Stolzes. Die Einheimischen wissen, dass ihre Heimat die Kulisse für ein Spektakel ist, das nur wenige andere Städte mit solcher Würde ausrichten könnten.

Balance zwischen Alltag und globaler Aufmerksamkeit

Das Leben der Edinburgher während des Tattoos und der Festivals ist eine Mischung aus Aufregung und Anpassung. Die Straßen in der Nähe des Schlosses und der Royal Mile sind überfüllt, und Pendler durch das Zentrum brauchen oft mehr Zeit als sonst. Viele Einheimische entwickeln Strategien: Sie fahren frühmorgens mit dem Fahrrad, kaufen in ruhigeren Vierteln ein oder suchen versteckte Cafés abseits der Haupttouristenrouten. Doch selbst diese kleinen Störungen akzeptieren die meisten Einwohner geduldig. Für sie ist die Ankunft so vieler Besucher nicht nur eine Geduldsprobe, sondern auch eine Erinnerung an die globale Rolle ihrer Stadt. Das Wissen, dass Zehntausende zum Tattoo kommen und Millionen von zu Hause vor den Fernsehern zuschauen, verleiht dem Alltag eine gewisse Ernsthaftigkeit.

Das Tattoo aus der Sicht eines Einheimischen

Das Royal Edinburgh Military Tattoo ist nicht nur ein Spektakel für Touristen. Für die Einheimischen ist es eine Tradition, die eng mit ihrer Identität und Geschichte verbunden ist. Familien, die seit Generationen hier leben, erzählen oft Geschichten von ihren Besuchen beim Tattoo vor Jahrzehnten, als es zwar kleiner, aber ebenso mitreißend war. Das Echo der Trommeln an den Burgmauern, die Präzision der Militärkapellen und der Moment, wenn der einsame Dudelsackspieler hoch oben auf der Festungsmauer spielt, sind Momente, die viele Einheimische nie satt haben. Selbst diejenigen, die nicht mehr jedes Jahr dabei sind, bleiben in Sommernächten noch stehen und lauschen von ihren Fenstern oder Gärten aus, wie die Musik durch die Stadt trägt. Sie wird Teil des saisonalen Soundtracks, so selbstverständlich wie die sich verfärbenden Blätter im Herbst.

Festivalkultur und lokale Beteiligung

Während das Tattoo eine lange Tradition hat, herrscht in der Festivalsaison eine ganz andere Stimmung. Das Edinburgh International Festival und das Fringe Festival sind dafür bekannt, Künstler aus allen Disziplinen und Ecken der Welt anzuziehen. Für die Einheimischen kann das zweierlei bedeuten: eine Flut an Möglichkeiten und ein Gefühl der Überforderung. Viele Einwohner suchen sich ihre Aufführungen im Voraus sorgfältig aus, da sie wissen, dass beliebte Shows schnell ausverkauft sind. Andere ziehen es vor, an einem freien Nachmittag durch das Fringe Festival zu schlendern und sich nach Gefühl für ihre Aufführungen zu entscheiden. Wichtig ist auch, dass die Einheimischen zu diesen Festivals beitragen, sei es als Künstler, Freiwillige oder Unterstützer von gemeinschaftsorientierten Veranstaltungen. Diese Doppelrolle – Gastgeber und Teilnehmer zugleich – gibt ihnen eine einzigartige Perspektive auf die jährliche Entwicklung der Festivals.

Stolz und Verantwortung

Gastgeber eines der größten Kulturereignisse der Welt zu sein, erfüllt mich mit Stolz, aber auch mit Verantwortung. Viele Einheimische fühlen sich verpflichtet, Edinburgh von seiner besten Seite zu präsentieren – sei es, einem verirrten Besucher den Weg zur Princes Street zu zeigen oder Restauranttipps zu geben. Manche Einwohner vermieten ihre Häuser an Besucher und übernehmen so die Rolle inoffizieller Gastgeber. Andere passen einfach ihren Alltag an und begrüßen die Veränderung, denn sie wissen, dass der Tourismus die Wirtschaft der Stadt stärkt und ihren Ruf stärkt.

Orte, an die sich Einheimische zurückziehen

Trotz ihrer Liebe zur Festivalatmosphäre suchen die Einheimischen auch nach Ausgleich. Sie kennen die ruhigeren Orte, an denen sich die Menschenmassen lichten: die schattigen Wege der Meadows, die friedlichen Ecken von Dean Village oder die windgepeitschten Hügel des Holyrood Parks. Diese Rückzugsorte ermöglichen es ihnen, dem ständigen Trubel zu entfliehen und erfrischt zurückzukehren. So bietet die Geografie der Stadt selbst einen Rhythmus, der zwischen belebten Straßen und ruhigen Grünflächen wechselt.

Ausblick auf 2026

Während sich die Stadt auf das Jahr 2026 vorbereitet, erwarten die Einheimischen eine Saison, die bedeutender sein wird als je zuvor. Das Tattoo wird weiterhin militärische Präzision und internationale Zusammenarbeit demonstrieren, doch es ist die Mischung aus Tradition und moderner Darbietung, die viele Einwohner begeistert. Sie sehen die Festivals nicht nur als Unterhaltung für Außenstehende, sondern als einen sich entwickelnden kulturellen Austausch, der Edinburghs Platz in der Welt widerspiegelt. Die Einheimischen wissen, dass sie Teil dieser Geschichte sind, auch wenn sie nicht im Rampenlicht stehen. Sie tragen die Erinnerung an vergangene Saisons und die Hoffnung auf das Kommende in sich und prägen den Atem der Stadt in ihrem geschäftigsten und meistgefeierten Monat des Jahres.

Kapitel 1 – Willkommen in Edinburgh

1.1 Der Geist der schottischen Hauptstadt

Edinburgh hat einen Charakter, der sich von allen anderen Städten Schottlands abhebt. Seine vielschichtige Geschichte, die kompakte Geografie und der Rhythmus des täglichen Lebens schaffen eine Hauptstadt, die sich sowohl bewohnt als auch zeremoniell anfühlt. Im Gegensatz zu größeren Metropolen, die sich endlos ausdehnen, bleibt Edinburghs Ausmaß überschaubar, mit Straßen und Vierteln, die problemlos zu Fuß erkundet werden können, doch jede Kurve offenbart einen Wechsel der Atmosphäre. Die Präsenz des Schlosses, das auf seinem Vulkangestein thront, ist nicht nur symbolisch – sie erinnert Einheimische und Besucher gleichermaßen ständig daran, dass diese Stadt durch ihre Lage zwischen rauem Land und bürgerlichem Ehrgeiz geprägt ist.

Eine Stadt aus zwei Hälften

Der Unterschied zwischen der Altstadt und der Neustadt ist nicht nur architektonischer, sondern auch kultureller Natur. Die Altstadt mit ihrem mittelalterlichen Straßenplan, ihren engen Gassen und Straßenzügen vermittelt noch immer das Gefühl einer früheren städtischen Ordnung, in der die Menschen in dicht gedrängten Mietshäusern lebten und arbeiteten. Die Royal Mile bleibt ihr Rückgrat und führt einen stetigen Fußgängerstrom in Richtung der Burg an einem Ende und des Holyrood Palace am anderen. Im Gegensatz dazu zeugt die im 18. und 19. Jahrhundert entstandene Neustadt von den Idealen der Aufklärung und geordneter Schönheit. Ihr Rastersystem, die breiten Straßen und die georgianischen Terrassen vermitteln Ausgewogenheit und Zurückhaltung. Ein Spaziergang zwischen diesen beiden Zonen ist wie eine Reise durch verschiedene Kapitel der schottischen Geschichte, doch beide bleiben aktive Teile des Alltags und keine erstarrten Museumsstücke.

Die Rolle der Natur in der Stadt

Was Edinburgh von vielen anderen Hauptstädten unterscheidet, ist die Art und Weise, wie natürliche Gegebenheiten seinen Charakter prägen. Arthur's Seat, Teil des Holyrood Parks, erhebt sich nur einen kurzen Spaziergang von der Royal Mile entfernt und erinnert jeden an die vulkanische Vergangenheit der Stadt. Von seinem Gipfel aus kann man nicht nur die Hauptstadt überblicken, sondern auch die weitere Landschaft von Lothian und den Firth of Forth, der sich in die Ferne erstreckt. Calton Hill mit seinen Denkmälern und Observatorien ist ein weiterer erhöhter Punkt, an dem sich die Einheimischen versammeln, besonders am frühen Abend. Das Meer und die Berge sind immer sichtbar und geben Edinburgh ein Gefühl von Abgeschiedenheit und Offenheit zugleich. Das Wetter schlägt hier schnell um, und die Einheimischen sind es gewohnt, sich in Schichten zu kleiden, da Regen und Sonnenschein innerhalb einer Stunde abwechseln können.

Tradition und moderne Identität

Edinburgh wird oft mit Zeremonien in Verbindung gebracht. Die Castle Esplanade füllt sich während des Military Tattoo im August mit Paraden, und die Stadt ist das ganze Jahr über Gastgeber offizieller Veranstaltungen für Würdenträger. Doch unter dieser formellen Oberfläche verbirgt sich eine moderne, lebendige Stadt. Studenten füllen während des Semesters die Bürgersteige, Büroangestellte strömen nach Feierabend aus den Bars in der George Street, und Gemeinden in Gegenden wie Leith und Portobello pflegen ihre ausgeprägte lokale Identität. Dieses Nebeneinander von Prunk und Alltagsleben verleiht der Hauptstadt ihren Geist: Sie ist sowohl nationale Bühne als auch eine funktionierende Stadt, in der der Alltag seinen Gang geht.

Saisonale Rhythmen

Die Stimmung in Edinburgh ändert sich mit dem Kalender. Im August herrscht internationales Interesse, wenn das Festival Fringe, das International Festival, das

Tattoo und zahllose kleinere Veranstaltungen gleichzeitig stattfinden. Die Stadt wird geschäftiger, lauter und überfüllter, insbesondere in der Altstadt. Die Einheimischen richten ihren Tagesablauf oft nach dem Gedränge aus, während sich Besucher auf überfüllte Verkehrsmittel und eine hohe Nachfrage nach Unterkünften einstellen müssen. Im Winter hingegen geht es ruhiger zu, mit kürzeren Tagen, frischem Wind und weniger Besuchern. Die Hogmanay-Feierlichkeiten sorgen für einen kurzen Ausbruch von Festivität, aber ansonsten bietet die Jahreszeit mehr Raum, um die Architektur und Parks in Ruhe zu genießen. Frühling und Frühherbst bieten einen Ausgleich – weniger Menschenmassen, längere Tage und ein klarerer Himmel, der das Mauerwerk und die Grünflächen hervorhebt.

Alltagskultur

Während es Besucher oft zum Schloss, den Museen und den Festivals zieht, ist Edinburghs Alltagskultur subtiler. Frühmorgens arrangieren Ladenbesitzer in Stockbridge Brot- und Obstauslagen, während Arbeiter in Leith zu Schichten in der Hafenindustrie oder im Gastgewerbe aufbrechen. Familien treffen sich bei schönem Wetter in Parks wie den Meadows, und die Fußballkultur blüht in der Rivalität zwischen Heart of Midlothian und Hibernian. Kleine Rituale, wie das Anstehen in der Schlange vor einer beliebten Bäckerei oder ein Spaziergang entlang des Water of Leith-Pfades, zeigen, wie die Einheimischen mit ihrer Stadt interagieren. Diese Details verankern Edinburgh in der Gegenwart und erinnern Reisende daran, dass die Stadt nicht nur eine historische Hauptstadt, sondern für viele auch eine bewohnte Heimat ist.

Gemeinschaft und Identität

Edinburgh ist besonders stolz darauf, Schottlands Hauptstadt zu sein, doch dieser Stolz ist nicht übermäßig laut. Er drückt sich eher in der sorgfältigen Bewahrung des Kulturerbes, der Instandhaltung öffentlicher Einrichtungen und der Anerkennung der Rolle der Stadt im nationalen Leben aus. Die Einheimischen sprechen oft mit einer Mischung aus Zuneigung und Kritik und erkennen Herausforderungen wie Wohnungsnot, Tourismus und Wetter an, betonen aber dennoch ihre Verbundenheit mit der Stadt. Die Hauptstadt ist nicht durch Effekthascherei geprägt, sondern durch Kontinuität, in der altertümliche Steine und moderne Nutzung nebeneinander existieren.

Warum der Geist wichtig ist

Edinburgh zu verstehen bedeutet, das Zusammenspiel von Geschichte, Geografie und Gemeinschaft zu erkennen. Es ist ein Ort, an dem zeremonielle Funktionen neben dem Arbeitsalltag existieren, wo alte Steingassen auf moderne Straßenbahnschienen treffen und die Natur selbst im Stadtzentrum sichtbar bleibt. Dieses Gleichgewicht prägt den Geist der Hauptstadt und macht sie innerhalb Schottlands und darüber hinaus unverwechselbar. Reisende, die diese vielschichtige Identität erkennen, können die

Stadt tiefer schätzen – nicht nur als Bühnenbild oder Festival Kulisse, sondern als eine Hauptstadt, die weiterlebt, sich verändert und anpasst.

1.2 Edinburgh im August: Die Stadt verwandelt

Der August in Edinburgh ist mit keiner anderen Jahreszeit vergleichbar. Die Stadt, die oft für ihren ruhigen Rhythmus und ihre historische Würde bekannt ist, erlebt eine völlige Verwandlung, wenn sie zur Bühne einer der außergewöhnlichsten Kultursaisons der Welt wird. Straßen, die sonst von den leisen Schritten von Studenten, Arbeitern und Einwohnern getragen werden, füllen sich mit Künstlern, Militärkapellen und Reisenden aus aller Welt. Die Luft ist erfüllt von Musik, Akzenten und Gesprächen in Dutzenden von Sprachen und erzeugt eine einzigartige Energie, die durch das historische Herz der schottischen Hauptstadt fegt.

Die Stadt im Zentrum der globalen Kultur

Jeden August wird Edinburgh zum globalen Treffpunkt. Während das Royal Edinburgh Military Tattoo mit seinen spektakulären abendlichen Darbietungen vor der dramatischen Kulisse von Edinburgh Castle den Monat prägt, ist *die* Stadt auch Austragungsort des Edinburgh International Festival, des Fringe Festivals, des

International Book Festivals und zahlreicher kleinerer Veranstaltungen. Zusammen verwandeln sie die Stadt in einen kulturellen Treffpunkt, an dem militärische Präzision mit Comedy, Literatur, Theater und experimenteller Kunst zusammentrifft. Die Wirkung ist überwältigend, aber gerade das macht diese Jahreszeit so anziehend – eine Atmosphäre, in der Tradition und Innovation Hand in Hand gehen.

Die visuelle Transformation der Stadt

Der Wandel ist nicht nur spürbar, er ist überall sichtbar. Die Royal Mile, die Edinburgh Castle mit Holyrood Palace verbindet, wird zu einer eigenen Bühne, auf der Künstler kostenlose Kostproben ihrer Shows anbieten – von Shakespeare-Monologen über Jongliernummern bis hin zu traditioneller Musik. Stände säumen das Kopfsteinpflaster und verkaufen Kunsthandwerk, Essen und Eintrittskarten. Überall in der Stadt entstehen temporäre Bauten – von Zelten am Charlotte Square, wo das Internationale Buchfestival stattfindet, über Open-Air-Bühnen für Konzerte bis hin zu Pop-up-Galerien in alten Gassen. Berühmte Wahrzeichen wie die Castle Esplanade werden zu großartigen Veranstaltungsorten umgestaltet. Selbst ruhige Plätze und versteckte Innenhöfe werden von Künstlern erobert, die sich einen Namen machen wollen.

Der Rhythmus des Alltags in der Festivalsaison

Für die Einheimischen bedeutet der August eine Umstellung ihres Alltags. Auf den Straßen herrscht mehr Betrieb, die Warteschlangen sind länger und die Geräuschkulisse der Stadt ist geprägt von Dudelsäcken, Jubel und Applaus. Die Bewohner verfolgen dabei oft eine von zwei Herangehensweisen: Manche lassen sich von der Festivalstimmung mitreißen, besuchen Shows, laden Gäste ein und genießen das geschäftige Treiben, während andere sich zurückziehen und in ruhigere Viertel oder auf die nahegelegenen Hügel flüchten, um Luft zu holen. Doch ob man nun direkt teilnimmt oder nicht, jeder Einheimische spürt die Anziehungskraft des Festivals – es verändert das Tempo der Stadt, und selbst ein einfacher Spaziergang zum Einkaufen kann sich anfühlen, als würde man mitten in einer Aufführung stehen.

Der Platz des Tattoos in der Transformation

Während sich die Festivals an Hunderten von Veranstaltungsorten über die ganze Stadt erstrecken, bietet das Royal Edinburgh Military Tattoo das urige Spektakel, das den August in Edinburgh prägt. Die abendliche Aufführung auf der Castle Esplanade mit ihrer dramatischen Beleuchtung, Dudelsack- und Trommelaufführungen, internationalen Militärparaden und Feuerwerk ist der Höhepunkt der Saison. Das Tattoo ist tief im schottischen Erbe verwurzelt und dennoch international vernetzt und begrüßt Künstler aus aller Welt. Diese Ausgewogenheit macht es sowohl zu einem stolzen Bekenntnis nationaler Identität als auch zu einer Feier globaler Kameradschaft. Besucher planen ihre Reise oft nach dem Tattoo und machen es zum Mittelpunkt ihrer Edinburgh-Reise.

Herausforderung und Freude für Besucher

Für Reisende ist der August in Edinburgh aufregend, aber auch anspruchsvoll. Die schiere Anzahl an Veranstaltungen kann überwältigend sein, und ohne Orientierung verpasst man leicht Highlights. Unterkünfte sind rar, wenn man nicht rechtzeitig gebucht hat, und sich durch die Menschenmassen zu kämpfen, kann ermüdend sein. Doch genau diese Herausforderungen gehören zum Erlebnis – nach einer Show in einem Pub neben Künstlern zu sitzen, zufällig in eine unvergessliche Straßenaufführung zu stolpern oder das Feuerwerk des Edinburgh Tattoo zu erleben, das sich in den Steingebäuden der Stadt spiegelt, sind die Momente, die die Mühe lohnen.

Warum der August in Edinburgh unübertroffen ist

Keine andere Stadt der Welt schafft es, in einem einzigen Monat solch historische Pracht mit solch kultureller Vitalität zu verbinden. Edinburgh im August ist nicht einfach nur ein Ort zum Besuchen; es ist ein stadtweites Spektakel, an dem jeder, ob bewusst oder unbewusst, teilnimmt. Die Verwandlung ist vollständig, von der vom Feuerwerk erleuchteten Skyline bis hin zu den von Gesang und Theater erfüllten Stadtvierteln. Dies ist das Edinburgh, das Besucher im Jahr 2026 erleben werden – eine Stadt, die jeden August zum Herzschlag Schottlands und zur Bühne der Welt wird.

1.3 Ein erster Eindruck vom Tattoo und den Festivals

Wer im August in Edinburgh ankommt, betritt eine Stadt, die tief durchatmet und vor Leben strotzt. Die sonst so ruhigen und majestätischen Straßen verwandeln sich in ein buntes Treiben aus Musik, Farben und Stimmen aus aller Welt. Wer zum ersten Mal hier ist, hat das Gefühl, in etwas Größeres hineingezogen zu werden, als hätte die ganze Stadt sich bereit erklärt, ein großes Fest auszurichten. Die historische Kulisse des Schlosses, die gepflasterten Gassen und die georgianischen Straßen scheinen vor Vorfreude zu summen, als hätten sie das ganze Jahr auf diesen Moment gewartet.

Der erste Eindruck des Tattoos

Das Royal Edinburgh Military Tattoo ist oft das erste Ereignis, von dem Reisende hören, und nichts bereitet einen wirklich darauf vor. Der Anblick des vor dem Nachthimmel erleuchteten Edinburgh Castle mit seiner Esplanade, die sich in eine Bühne für Dudelsackspieler, Trommler und Militärkapellen verwandelt, strahlt eine Bedeutung aus, die über die bloße Darbietung hinausgeht. Für viele ist der Klang der Dudelsäcke, der unter dem flatternden Andreaskreuz in die Luft steigt, bewegend und erdend zugleich. Selbst diejenigen ohne Verbindung zu Schottland sind bewegt. Das Tattoo ist nicht nur Unterhaltung; es ist eine Mischung aus Zeremonie, Prunk und Tradition, die den Eindruck vermittelt, Zeuge von etwas Altem und Lebendigem gewesen zu sein.

Die Festivalatmosphäre

Doch das Tattoo ist nur ein Teil der Saison. Die Festivals der Stadt ergießen sich wie eine Flut über Edinburgh, und jedes bringt seine eigene Energie mit sich. Das Edinburgh Festival Fringe führt Sie in ein Labyrinth aus Comedy, Theater, Musik und künstlerischen Experimenten, das Sie im einen Moment zum Lachen bringt und im nächsten Ihre Annahmen überdenken lässt. Das Internationale Festival bietet einen kontrastierenden Ton und füllt die großen Hallen mit Weltklasse-Orchestern, Ballett und Oper. Das Buchfestival bringt Schriftsteller und Denker in offene Gespräche, während beim Jazz- und Bluesfestival Töne aus den Veranstaltungsorten auf die Straße schallen. Es entsteht der Eindruck, dass jede Ecke der Stadt eine Bühne ist und jeder – Künstler wie Besucher – Teil der Besetzung ist.

Die Stadt in Bewegung

Ein Spaziergang durch Edinburgh während der Festivalsaison ist ein ganz besonderes Erlebnis. Auf der Royal Mile balancieren Jongleure auf Leitern, Schauspieler in voller Kostümierung verteilen Flyer und Musiker bauen improvisierte Bühnen unter jahrhundertealten Gebäuden auf. Menschenmassen bilden plötzlich Kreise, Gelächter und Applaus erklingen unter Dudelsackklängen oder Gitarrenklängen. Für einen Reisenden kann die schiere Dichte des Lebens zunächst überwältigend sein, wird aber schnell berauschend. Die Stadt fühlt sich an, als würde sie sich in einem Rhythmus bewegen, der sich von Straße zu Straße, von Veranstaltungsort zu Veranstaltungsort ändert, aber durch die gemeinsame Freude verbunden ist.

Die Mischung aus Lokalem und Globalem

Was den ersten Eindruck vom Tattoo und den Festivals unvergesslich macht, ist das Aufeinandertreffen verschiedener Welten. Man hört Akzente von allen Kontinenten, sieht Flaggen aus fernen Ländern wehen, und doch steht im Zentrum von allem Edinburgh, ganz es selbst. Einheimische gehen neben Besuchern, manche schwelgen in Erinnerungen an vergangene Festivals, andere schütteln den Kopf darüber, wie sich die Stadt in diesem Jahr wieder verwandelt hat. Straßenverkäufer bieten alles von Haggis bis Falafel an, Whisky-Verkostungen finden neben Craft-Beer-Ständen statt und es entstehen Gespräche zwischen Fremden, deren Wege sich vielleicht nie wieder kreuzen werden. Der erste Eindruck ist der einer Verbindung – dass dies nicht nur ein schottisches Fest ist, sondern ein gemeinsames menschliches.

Der emotionale Sog

Der vielleicht stärkste Eindruck ist die emotionale Belastung, Teil davon gewesen zu sein. „The Tattoo" endet mit einem einsamen Dudelsackspieler hoch oben auf der

Burgmauer, dessen Töne die Nachtluft durchschneiden, oft gefolgt von Feuerwerk, das über den Wällen explodiert. Es ist ein Anblick und Klang, der einem im Gedächtnis bleibt, eindringlich in seiner Schönheit und Endgültigkeit. Auch die Festivals hinterlassen Echos – Fragmente eines Theaterstücks, eine Gedichtzeile oder eine Melodie, die noch lange nach der Vorstellung nachhallen. Für einen Erstreisenden verweben sich diese Momente zu dem Eindruck, dass Edinburgh im August nicht nur ein Ort zum Besuchen ist, sondern ein Erlebnis, das einen prägt.

Weiterführen

Nach dem ersten Tattoo oder Festival herrscht oft ein Moment der Stille, wenn man die Steintreppe hinuntergeht, sich unter die Menge mischt und zurück in die feierfreudigen Straßen geht. Man hat den Eindruck, etwas Seltenes erlebt zu haben – eine ganze Stadt, die sich einen Monat lang Kultur, Tradition und Freude hingibt. Es ist dieser erste Eindruck, geprägt von Geräuschen, Bildern und Emotionen, der so viele Reisende dazu bewegt, wiederzukommen.

Kapitel 2 - Edinburghs Festivalsaison

2.1 Die kulturelle Explosion im August

Jeden August erlebt Edinburgh eine Verwandlung, die ihresgleichen im Kulturkalender sucht. Die Stadt, die ohnehin schon reich an Geschichte und zeitloser Architektur ist, wird zur Bühne für eine der konzentriertesten Veranstaltungen von Kunst, Performance und gemeinschaftlichem Feiern weltweit. Einheimische beschreiben den August oft als einen Monat, in dem der Herzschlag der Stadt schneller wird, ihre Straßen mit Klängen und Farben zum Leben erwachen und jede Ecke eine *neue* Überraschung verspricht. Für Reisende, die in dieser Zeit anreisen, geht es weniger darum, *ein einzelnes* Festival mitzuerleben, sondern vielmehr darum, eine kollektive Ausgießung von *Kreativität zu* erleben, die vom Morgen bis weit nach Mitternacht anzuhalten scheint.

Eine Stadt, die von Energie überwältigt wird

Edinburgh ist im August randvoll. Die Straßen rund um die Altstadt und die Neustadt erwachen zum Leben, sowohl mit offiziellen Festivalkünstlern als auch mit unabhängigen Straßenkünstlern, die die Bürgersteige in Bühnen verwandeln. Die Luft ist erfüllt von Musik, Gelächter, Dialogfetzen und dem Geplauder der Menschen, die zwischen den Veranstaltungsorten hin- und hergehen. Cafés und Pubs füllen sich mit Gästen, oft eine Mischung aus Touristen aus fernen Ländern und Einheimischen, die seit Jahrzehnten hierher kommen. Was diese Atmosphäre so einzigartig macht, ist nicht nur die Vielfalt der Veranstaltungen, sondern auch die Tatsache, dass sie alle gleichzeitig stattfinden, in sich überschneidenden Rhythmen, die manchmal überwältigend, aber immer aufregend sind.

Die miteinander verwobenen Festivals

Es ist wichtig zu verstehen, dass Edinburgh im August nicht nur eine einzelne Veranstaltung beherbergt, sondern vielmehr eine ganze Reihe von Festivals, jedes mit seinem eigenen Flair, die aber alle zur größeren Identität der Saison beitragen. Das Royal Edinburgh Military Tattoo bringt Präzision, Prunk und internationale Militärkapellen auf den Vorplatz von Edinburgh Castle. Das Edinburgh International Festival bietet hohe Kunst durch klassische Musik, Oper, Tanz und Theater. Das Fringe, das weltgrößte Kunstfestival, schafft Raum für Comedy, experimentelle Stücke und innovative Darbietungen sowohl in traditionellen Theatern als auch in unkonventionellen Räumen wie Kellern, Kneipen und sogar öffentlichen Toiletten, die zu Veranstaltungsorten umfunktioniert werden. Daneben gibt es Buchfestivals, Kunstfestivals und kleinere Veranstaltungen, die jedes ihre Nische haben, aber gemeinsam Edinburghs globale Identität als kulturelles Zentrum stärken.

Das Tattoo als Anker

Jedes Festival glänzt für sich, doch das Tattoo sticht durch seine Größe und Symbolik hervor. Es findet auf der Castle Esplanade statt und ist mehr als nur eine Aufführung; es ist eine Zeremonie, die Themen wie militärische Tradition, Nationalstolz und internationale Freundschaft vereint. Der Klang von Dudelsäcken und Trommeln, der vom alten Mauerwerk des Edinburgh Castle widerhallt, schafft eine einzigartige Atmosphäre. Für viele Besucher ist das Tattoo der Höhepunkt im August, ein Ereignis, das zum Ankerpunkt für alle anderen Festivalerlebnisse wird. Sein fester Zeitplan und seine Pracht vermitteln oft ein Gefühl von Struktur inmitten des allgemeinen Veranstaltungs Trubels.

Das Gefühl kultureller Sättigung

Reisende, die im August nach Edinburgh kommen, bemerken oft die schiere Dichte des kulturellen Angebots. An jedem beliebigen Tag können Hunderte von Shows und Aufführungen stattfinden, von Großproduktionen bis hin zu Ein-Mann-Auftritten. Diese Fülle kann überwältigend sein, und viele Erstbesucher haben Schwierigkeiten, sich zu entscheiden, was sie sehen möchten. Doch genau diese Fülle ist es, die Edinburgh im August ausmacht. Das Gefühl, die Qual der Wahl zu haben – von einer intimen Dichterlesung zu einem großen Orchesterkonzert, von einem Straßenjongleur zu einer anspruchsvollen Tanzvorführung – ist Teil dessen, was die Saison so unvergesslich macht. Es geht nicht nur darum, was man sich ansieht, sondern darum, sich durch dieses Kaleidoskop der Kreativität zu navigieren.

Das globale Treffen

Was den August in Edinburgh von anderen Festivalstädten unterscheidet, ist das internationale Publikum und die internationale Beteiligung. Künstler aus allen Kontinenten repräsentieren nicht nur nationale Institutionen, sondern auch unabhängige Kollektive und Einzelkünstler. So entsteht ein kultureller Mix, der Grenzen überwindet. An einem einzigen Tag kann man einen südafrikanischen Chor, eine japanische Trommelgruppe, einen kanadischen Comedy-Act und eine lokale schottische Folkband erleben. Diese Mischung globaler Kulturen vor Edinburghs historischer Kulisse verstärkt das Gefühl, dass die Stadt – wenn auch nur für ein paar Wochen im Jahr – im Zentrum der Welt steht.

Auswirkungen auf den Charakter der Stadt

Der August verändert auch den Tagesrhythmus Edinburghs. Der Verkehr passt sich an, Restaurants haben länger geöffnet und Unterkünfte werden knapp, da Hotels und Pensionen schnell ausgebucht sind. Einheimische sprechen oft von einer Hassliebe zu dieser Jahreszeit. Einerseits fühlt sich die Stadt überfüllt und manchmal schwer zu navigieren an. Andererseits fühlt sich Edinburgh dann am lebendigsten, weltoffensten und stolzesten auf sich selbst. Für die Einwohner sind die Festivals sowohl eine jährliche Herausforderung als auch ein unersetzlicher Höhepunkt des bürgerlichen Lebens.

Der emotionale Puls der Saison

Was die kulturelle Explosion im August jenseits der *offiziellen* Programme und gedruckten Termine wirklich ausmacht, ist das Gefühl, *mittendrin zu sein*. Jeden Morgen liegt eine gespannte Erwartung in der Luft, als würde die Stadt *selbst nur* darauf warten, was als Nächstes passiert. Die Abende sind erfüllt von Momenten kollektiven Staunens, sei es angesichts des Feuerwerks über der Burg, einer bewegenden

Aufführung, die das Publikum zum Staunen bringt, oder der einfachen Freude, wenn Fremde in einem Comedy-Zelt gemeinsam lachen. Diese emotionalen Höhepunkte schaffen Erinnerungen, die noch lange nach dem Festivalende nachwirken und Besucher wie Einheimische daran erinnern, warum Edinburgh im August ein Erlebnis ist, das sich von allen anderen Stadtfestivals der Welt abhebt.

2.2 Edinburgh International Festival

Das Edinburgh International Festival ist der Mittelpunkt der August-Feierlichkeiten der Stadt und war die ursprüngliche Veranstaltung, die die Festivalsaison, wie wir sie heute kennen, begründete. Das 1947 ins Leben gerufene Festival sollte nach dem Zweiten Weltkrieg Menschen durch Kunst zusammenbringen. Was als kulturelles Experiment begann, hat sich zu einer der weltweit angesehensten Bühnen für Musik, Theater, Oper und Tanz entwickelt. Für Reisende, die während der Festivalsaison nach Edinburgh kommen, ist das International Festival nicht nur ein weiterer Veranstaltungskalender – es ist das Ereignis, das Maßstäbe für alles andere setzt, was in der Stadt passiert.

Ursprünge und Vision

Die Gründer des Edinburgh International Festival glaubten an die Kunst als Heilmittel, als Möglichkeit, Gemeinschaft und internationales Vertrauen in einem noch immer vom Krieg gezeichneten Europa wiederherzustellen. Diese Mission prägt bis heute das Programm. Anders als das frei zugängliche Fringe Festival wird das Internationale Festival kuratiert, und jede Saison wird sorgfältig geplant, um Künstler von außergewöhnlicher Qualität zu präsentieren. Dank dieser Kuratierung kann das Publikum darauf vertrauen, dass jede Veranstaltung, die es besucht – sei es eine Symphonie, ein innovatives Theaterstück oder ein avantgardistisches Tanzstück – aufgrund ihrer Fähigkeit ausgewählt wurde, Menschen herauszufordern, zu inspirieren und zu bewegen.

Der Unterschied zwischen Festivals

Viele Erstbesucher verwechseln das Internationale Festival mit dem Fringe, zum Teil, weil beide gleichzeitig in der ganzen Stadt stattfinden. Doch der Unterschied ist erheblich. Das Fringe ist ein offenes Festival für alle, die einen Veranstaltungsort finden, während das Internationale Festival nur auf Einladung zugänglich ist. Die Künstler hier sind oft auf dem Höhepunkt ihrer Karriere oder anerkannte Größen ihres Fachs. Dieser Unterschied schafft in Edinburgh ein Gleichgewicht: Während das Fringe für Energie und Unvorhersehbarkeit sorgt, bietet das Internationale Festival Exzellenz und Tiefe und stellt sicher, dass die Stadt sowohl experimentellen als auch traditionellen Geschmäckern gerecht wird.

Musik und Oper

Das Herzstück des Internationalen Festivals ist sein Musikprogramm. Jedes Jahr im August reisen renommierte Orchester aus aller Welt nach Edinburgh, um in den großen Konzertsälen der Stadt, darunter auch der Usher Hall, aufzutreten. Symphonien von Beethoven, Mahler oder Schostakowitsch stehen oft neben modernen Kompositionen, die die Grenzen der klassischen Musik erweitern. Ein weiterer Schwerpunkt ist die Oper mit Produktionen im Festival Theatre oder im King's Theatre. Für viele Reisende sind diese Opernaufführungen ein einmaliges Erlebnis, bei dem oft weltbekannte Sänger und Regisseure klassische Werke mit mutigen Neuinterpretationen interpretieren.

Theater und Tanz

Das Internationale Festival macht Edinburgh auch zu einer Bühne für globales Theater. Produktionen großer Ensembles – ob aus Europa, Asien oder Nordamerika – haben hier oft Premiere und bieten dem Publikum die Möglichkeit, Werke zu sehen, die später um die Welt reisen. Tanz, sowohl traditionell als auch zeitgenössisch, ist ein weiterer wichtiger Bestandteil des Programms. Ensembles wie das Ballett der Pariser Oper oder moderne Choreografen mit gewagten Ideen haben die Bühne Edinburghs genutzt, um Werke zu präsentieren, die bei denjenigen, die das Glück hatten, sie zu erleben, einen bleibenden Eindruck hinterließen.

Veranstaltungsorte und Atmosphäre

Was das Internationale Festival so besonders macht, ist nicht nur die Qualität seiner Künstler, sondern auch die Atmosphäre seiner Veranstaltungsorte. Während Fringe-Veranstaltungen in Pubs, Kellern und Gemeindesälen stattfinden, bespielt das Internationale Festival Edinburghs renommierteste Bühnen. Die Pracht der Usher Hall, die kunstvolle Schönheit des Festival Theatre und die intime Atmosphäre der Queen's Hall bieten einen Rahmen, der die Aufführungen aufwertet und das Publikum an die historische Bedeutung des Festivals erinnert. Ein Konzertbesuch hier fühlt sich an, als würde man an einer Tradition teilnehmen, die seit fast achtzig Jahren sorgsam gepflegt wird.

Zugänglichkeit und Publikum

Das Internationale Festival zieht ein internationales und lokales Publikum an. Reisende aus aller Welt planen ihre Reisen rund um das Festival, während die Einwohner Edinburghs es als Höhepunkt ihres Jahres betrachten. Die Tickets können, je nach Künstlern, teurer sein als die für Fringe-Shows. Das Festival bietet jedoch auch ermäßigte Eintrittskarten und soziale Programme an, um sicherzustellen, dass auch Einheimische und jüngere Zuschauer teilnehmen können. Diese Balance zwischen Prestige und Zugänglichkeit spiegelt die ursprüngliche Mission des Festivals wider: Menschen durch die Kunst zusammenzubringen.

Verbindung mit dem Tattoo

Obwohl das Internationale Festival und das Royal Edinburgh Military Tattoo getrennte Veranstaltungen sind, ergänzen sie sich auf überraschende Weise. Das Tattoo verkörpert Spektakel, Tradition und Prunk, während das Internationale Festival Raffinesse, Innovation und kulturelle Tiefe ausstrahlt. Für Besucher beider Veranstaltungen bietet sich ein ausgewogenes Erlebnis zwischen ausgelassener Feier im Freien und besinnlicher Darbietung im Innenbereich. Diese Dualität spiegelt Edinburgh selbst wider – verwurzelt in der Tradition, aber stets offen für neue Ausdrucksformen.

Warum es für 2026 wichtig ist

Auch 2026 versammelt das Edinburgh International Festival die besten Künstler der Welt in einer Stadt. Das Programm spiegelt Kontinuität und Wandel wider: Klassische Werke werden neu interpretiert, zeitgenössische Stimmen werden verstärkt und neue Kooperationen entstehen. Für Reisende, die einen Besuch planen, bietet der Besuch des

International Festivals nicht nur Unterhaltung, sondern auch das Gefühl der Verbundenheit mit einer globalen, durch die Kunst verbundenen Gemeinschaft. Es erinnert daran, dass Edinburgh im August nicht nur eine verwandelte Stadt ist, sondern auch eine Stadt, die Erlebnisse bietet, die weit über ihre Grenzen hinausreichen.

2.3 Edinburgh Festival Fringe

Das Edinburgh Festival Fringe ist weltweit einzigartig und verwandelt die Stadt in eine riesige Bühne, auf der Kreativität an jeder Ecke Einzug hält. Jedes Jahr im August kommen Tausende Künstler mit Shows, die von ausgefeilten Produktionen bis hin zu experimentellen Stücken reichen, die vielleicht nur bei einer Handvoll Aufführungen zu sehen sind. Das Besondere am Fringe ist seine Offenheit: Jeder kann teilnehmen, egal ob etablierter Künstler oder Newcomer auf der Suche nach seinem ersten Publikum. Diese Inklusivität erzeugt eine unvorhersehbare und elektrisierende Energie in der ganzen Stadt, und jede Aufführung birgt die Möglichkeit einer Überraschung.

Ausmaß und Energie des Randes

Das Ausmaß des Fringe ist atemberaubend. In seinen besten Zeiten finden über 3.000 Shows an Hunderten von Veranstaltungsorten statt, die täglich von morgens bis weit nach Mitternacht laufen. Die Atmosphäre auf der Royal Mile, wo Künstler Flyer verteilen und spontane Voraufführungen geben, gleicht einem Karneval der Ideen. Ein Besucher kann an einem einzigen Abend von einer studentischen Komödie in einem kleinen Keller zu einem großen Stand-up-Auftritt in einem voll besetzten Theater und dann zufällig in eine experimentelle Tanzshow in einer umgebauten Kirche stolpern. Da es keine kuratorische Betreuung gibt, lebt das Fringe von der Leidenschaft und Risikobereitschaft der Künstler selbst, und das Publikum wird in diese Unvorhersehbarkeit hineingezogen.

Große und kleine Veranstaltungsorte

Eines der charakteristischen Merkmale des Fringe ist die vielseitige Nutzung der Veranstaltungsorte. Traditionelle Theater teilen sich den Platz mit Pubs, Universitätshörsälen, Innenhöfen, Kirchensälen und provisorischen Bühnen an ungewöhnlichen Orten. Einige der denkwürdigsten Shows finden in engen Hinterzimmern oder umgebauten Kellern statt, wo die Intimität zwischen Künstlern und Publikum das Erlebnis unvergesslich macht. Größere Veranstaltungsorte wie das Pleasance, Assembly, Gilded Balloon und Underbelly sind zu bekannten Treffpunkten geworden, jeder mit seinen eigenen Aufführungsräumen und belebten Innenhöfen, in denen sich Festivalbesucher treffen. Doch die Magie des Fringe liegt darin, nie zu wissen, wo die nächste bemerkenswerte Aufführung zu finden sein könnte.

Komödie als treibende Kraft

Comedy ist zum Rückgrat des Fringe geworden und zieht sowohl bekannte Namen als auch aufstrebende Stars an. Das Festival hat die Karrieren von Comedians in Gang gesetzt, die heute die Arenen füllen, bietet aber auch mutigen Newcomern Raum. Stand-up dominiert das Programm, doch Comedy ist hier nicht auf eine Stilrichtung beschränkt. Besucher können improvisierte Shows, surreale Charakterkomödien, satirische Sketche oder Musicalparodien erleben. Die Vielfalt sorgt dafür, dass auch bei etwas rauerer Show für Lacher gesorgt ist. Das gemeinsame Erlebnis, jemanden beim Experimentieren und Risikogehen vor einem Live-Publikum zu beobachten, macht die Fringe-Comedy so besonders.

Theater, Tanz und mehr

Während Comedy oft die Schlagzeilen beherrscht, bietet das Fringe Festival auch einen fruchtbaren Boden für Theater und Tanz. Viele Ensembles präsentieren mutige neue Texte, neu interpretierte Klassiker oder innovative Darbietungen, die die Grenzen des Geschichtenerzählens ausloten. Internationale Ensembles nutzen das Fringe Festival als Plattform, um Stimmen und Stile aus aller Welt zu teilen. Zeitgenössischer Tanz, Körpertheater, Zirkuskunst, Spoken Word und immersive Performances finden hier ihren Platz. Das Publikum verlässt eine Vorstellung vielleicht mit Reflexionen über komplexe Themen aus Politik oder Identität und betritt dann eine andere, die ausschließlich auf Bewegung oder Spektakel setzt, um Bedeutung zu vermitteln. Das Fringe Festival lebt von diesem ständigen Wechselspiel der Stile und Perspektiven.

Der Geist der Entdeckung

Was das Publikum Jahr für Jahr wiederkommen lässt, ist der Entdeckergeist. Bei der überwältigenden Anzahl an Shows erleben keine zwei Menschen das gleiche Fringe. Mundpropaganda spricht sich schnell herum, und die Warteschlangen sind oft voller Empfehlungen. Wer auf der Royal Mile einen Flyer ausgeteilt bekommt oder ohne Vorkenntnisse eine Show besucht, kann unerwartete Höhepunkte erleben. Die Freude am Fringe liegt ebenso im Unbekannten wie in den Top-Acts, und jeder Besucher wird Teil des lebendigen Dialogs, der das Festival jedes Jahr prägt.

Das soziale Gefüge der Randgruppen

Beim Fringe geht es nicht nur um die Aufführungen, sondern auch um die Kontakte, die zwischendurch entstehen. In den Innenhöfen der großen Veranstaltungsorte herrscht reges Treiben mit Gesprächen, Gelächter und Diskussionen über die zuvor gesehenen Shows. Pubs und Cafés sind überfüllt mit Künstlern und Publikum, die sich frei treffen, Ideen diskutieren und Geschichten austauschen. Das Fringe schafft ein Gemeinschaftsgefühl, das über Herkunft oder Beruf hinausgeht und Menschen durch die gemeinsame Liebe zum Ausdruck vereint. Für die Künstler werden diese informellen Räume oft genauso wichtig wie die Shows selbst und bieten Gelegenheit zur Zusammenarbeit und Inspiration.

Auswirkungen auf die Stadt

Das Fringe-Festival hat für Edinburgh eine transformative Wirkung. Die Straßen sind voller Plakate, Banner und bemalter Bürgersteige, die auf die Veranstaltungsorte hinweisen. Öffentliche Plätze werden zu Bühnen, auf denen Straßenmusiker und Künstler alltägliche Wege in Theatermomente verwandeln. Der Rhythmus der Stadt verändert sich, wenn das Publikum bis spät in die Nacht auf die gepflasterten Straßen strömt und die Proben schon frühmorgens vor Sonnenaufgang beginnen. Die Einheimischen mögen Stolz und Erschöpfung zugleich empfinden, wenn ihre Stadt von Besuchern überrannt wird, doch die wirtschaftlichen und kulturellen Auswirkungen sind immens. Das Fringe-Festival hat Edinburgh als globale Hauptstadt der darstellenden Künste etabliert und dafür gesorgt, dass sein Name weit über Schottland hinaus bekannt ist.

Herausforderungen der Randgruppen

Trotz seiner Lebendigkeit steht das Fringe auch vor Herausforderungen. Allein die Größe des Festivals kann überwältigend sein – sowohl für die Künstler, die mit hohen Kosten konfrontiert sind, als auch für das Publikum, das sich durch das endlose

Programmangebot kämpfen muss. Die Übernachtungspreise explodieren, und der Wettbewerb um Aufmerksamkeit ist hart. Doch diese Schwierigkeiten sind Teil der Geschichte des Festivals, prägen die Debatten über seine Zukunft und stärken gleichzeitig seine Identität als Ort, an dem Beharrlichkeit und Kreativität aufeinandertreffen. Viele Künstler betrachten es trotz der damit verbundenen Risiken immer noch als unverzichtbaren Übergangsritus.

Das bleibende Erbe

Das Edinburgh Festival Fringe ist nach wie vor eines der markantesten Kulturereignisse der Welt und zeichnet sich durch Offenheit und Unvorhersehbarkeit aus. Es bietet dem Publikum die Möglichkeit, Kunst live zu erleben, oft mit Ecken und Kanten, aber mit einer Aufrichtigkeit und Energie, die anderswo nicht zu finden ist. Ob bei einem großen Auftritt oder einer Uraufführung in einer versteckten Ecke – die Besucher hinterlassen unvergessliche Erinnerungen, die noch lange nach dem Festival in Erinnerung bleiben. Das Fringe verkörpert nach wie vor die Idee, dass Kunst allen gehört und dass selbst die kleinste Bühne Momente von nachhaltiger Wirkung schaffen kann.

2.4 Edinburgh International Book Festival

Das Edinburgh International Book Festival ist eines der beliebtesten Events im Augustkalender der Stadt und bringt Schriftsteller, Leser und Denker aus aller Welt zusammen. Es verwandelt die ruhigen Gärten und eleganten georgianischen Plätze Edinburghs in ein lebendiges Forum, in dem Ideen ausgetauscht und Geschichten gefeiert werden. Im Gegensatz zum großen Spektakel des Tattoo oder dem theatralischen Trubel des Fringe bietet dieses Festival einen ruhigeren, besinnlicheren Raum, der die Intensität der Augustsaison in Edinburgh ausgleicht. Für Reisende, die sich für Literatur, Dialog und kulturellen Austausch interessieren, ist das Festival eine eindringliche Erinnerung an Edinburghs Rolle als UNESCO-Literaturstadt.

Der Schauplatz: Charlotte Square und Edinburghs literarisches Erbe

Traditionell findet das Festival in den Charlotte Square Gardens, mitten im Herzen von Edinburghs New Town, statt. Temporäre Zelte schaffen eine dörfliche Atmosphäre, in der sich Wege an Bücherständen, Bühnen, Cafés und Räumen für informelle Gespräche vorbeischlängeln. Der Standort ist passend: Edinburgh hat eine lange literarische Tradition und ist Geburtsort von Sir Walter Scott, Robert Louis Stevenson und Arthur Conan Doyle. In jüngerer Zeit haben Schriftsteller wie Irvine Welsh und J.K. Rowling zur kulturellen Identität der Stadt beigetragen. Dieses Erbe prägt die Atmosphäre des Festivals, bei dem etablierte und aufstrebende Autoren Seite an Seite stehen und den Ruf der Stadt als Ort blühender Geschichten fortführen.

Der Charakter des Festivals

Was das Edinburgh International Book Festival so besonders macht, ist seine Offenheit und sein offenes Angebot. Das Angebot reicht von intimen Lesungen über Podiumsdiskussionen bis hin zu großen öffentlichen Vorträgen. Besucher können an einem Nachmittag einem Nobelpreisträger lauschen und am nächsten einer lebhaften Debatte über Weltpolitik beiwohnen. Das Festival fördert die Interaktion: Autoren beantworten oft Fragen direkt aus dem Publikum, und die Signiertische bieten die Möglichkeit, sie persönlich kennenzulernen. Im Gegensatz zu einigen kommerzielleren

Buchveranstaltungen weltweit wirkt dieses Festival geerdet und legt einen starken Fokus auf intellektuellen Austausch und sinnvollen Dialog.

Themen und globale Reichweite

Jedes Jahr widmet sich das Festival einer Reihe von Themen, die auf die drängenden Fragen unserer Zeit reagieren. Klimawandel, Migration, Meinungsfreiheit und die Rolle der Technologie in der Gesellschaft wurden alle aus der Perspektive der Literatur beleuchtet. Obwohl das Festival fest in Edinburgh verwurzelt ist, ist es international ausgerichtet und zieht Redner und Besucher aus aller Welt an. Das macht das Festival besonders wertvoll für Reisende, die eine Vielfalt an Stimmen an einem Ort hören möchten. Es stellt außerdem sicher, dass es bei der Veranstaltung nicht nur um isolierte Bücher geht, sondern darum, wie Geschichten die Welt prägen und widerspiegeln.

Die Atmosphäre der Gärten

Das Festivalerlebnis geht über die üblichen Vorträge hinaus. In den Gärten herrscht ein reges Treiben: Familien stöbern in Kinderbüchern, Studenten sitzen mit Taschenbüchern unter Bäumen und ältere Leser unterhalten sich in Straßencafés. Kaffeeduft, das Rascheln der Seiten und das Stimmengewirr schaffen eine Atmosphäre, die sich von allen anderen Festivals in Edinburgh im August unterscheidet. Selbst wer keine Eintrittskarte für eine bestimmte Veranstaltung hat, kommt oft, um einen Tag in den Gärten zu verbringen und die Festivalstimmung aufzusaugen. Für viele Einheimische ist das Festival sowohl ein geselliges als auch ein literarisches Treffen.

Kinder und junge Leser

Das Festival legt seit jeher großen Wert darauf, ein jüngeres Publikum anzusprechen. Geschichtenerzählstunden, kreative Workshops und interaktive Darbietungen ermöglichen es Kindern, an diesem literarischen Fest teilzunehmen. Dieser Fokus auf junge Leser sorgt für eine integrative und familienfreundliche Atmosphäre und fördert gleichzeitig eine neue Generation von Buchliebhabern. Viele Eltern und Großeltern bringen Jahr für Jahr ihre Kinder mit, sodass das Festival zu einer generationenübergreifenden Tradition wird.

Praktische Überlegungen für Reisende

Reisende, die das Edinburgh International Book Festival besuchen möchten, können sich auf eine Mischung aus kostenlosen und kostenpflichtigen Veranstaltungen freuen. Viele Hauptveranstaltungen sind zwar schnell ausverkauft, doch dank des abwechslungsreichen Programms ist immer etwas dabei. Die Gärten liegen zentral und sind von den meisten Teilen der Stadt aus bequem zu Fuß zu erreichen. Sie eignen sich daher hervorragend als Zwischenstopp während eines Erkundungstages. Besucher sollten auf alle Wetterbedingungen vorbereitet sein, da sich das schottische Klima selbst im August schnell ändern kann. Es empfiehlt sich, eine leichte Jacke und einen

Regenschirm mitzunehmen, insbesondere wenn Sie sich zwischen den Veranstaltungen im Freien aufhalten.

Warum es im Kontext des August wichtig ist

Im turbulenten August sorgt das Buchfestival für Ausgleich. Während das Tattoo mit militärischer Präzision donnert und das Fringe mit seiner unendlichen Vielfalt überwältigt, lädt das Buchfestival zur Ruhe und Besinnung ein. Es ist eine Gelegenheit zum Innehalten, Zuhören und Nachdenken. Für viele bietet es von allen Festivals die tiefste kulturelle Verbindung – nicht durch Spektakel, sondern durch Ideen. Es zeigt auch die Bandbreite der Edinburgher Festivalsaison und beweist, dass die Stadt Kunst nicht nur in einer einzigen Form feiert, sondern alle Formen menschlichen Ausdrucks umfasst.

Ein Festival der Gespräche

Im Kern dreht sich beim Edinburgh International Book Festival alles um Gespräche. Leser sprechen mit Autoren, Autoren mit Lesern und Fremde untereinander über die Bücher, die sie gerade besprochen haben. Es verkörpert die Idee, dass Literatur nicht isoliert, sondern gemeinschaftlich ist, dass Geschichten sowohl dem Einzelnen als auch der Gemeinschaft gehören. Für Besucher bedeutet die Teilnahme an diesen Gesprächen nicht nur, ein Festival zu besuchen, sondern an einem globalen Dialog teilzunehmen, den Edinburgh seit Jahrzehnten ausrichtet.

Möchten Sie, dass ich**Kapitel 2**Unterkapitel mit jeweils etwa 800 Wörtern und derselben Struktur und demselben Detailreichtum, oder sollte ich einige davon darüber hinaus erweitern, um das Buch dichter und aussagekräftiger zu machen?

2.5 Straßenaufführungen und Pop-Up-Events

Bei einem Spaziergang durch Edinburgh im August erwachen die Straßen zum Leben mit Künstlern aller Art. Die Stadt selbst verwandelt sich in eine riesige Bühne, auf der Bürgersteige, Gassen und sogar die Stufen historischer Gebäude von Musikern, Jongleuren, Komikern, Zauberern und Tänzern erobert werden. Dies sind nicht nur Nebendarbietungen zu den größeren, kostenpflichtigen Veranstaltungen; für viele Reisende gehören sie zu den unvergesslichsten Erlebnissen der Festivalsaison. Straßenaufführungen verkörpern die Energie Edinburghs im August und bieten an jeder Ecke Spontaneität und Überraschungen. Ob auf der Royal Mile, im Grassmarket oder entlang der Princes Street Gardens – die Luft ist erfüllt von Gelächter, Applaus und dem Summen der vorbeiziehenden Menschenmengen.

Die Royal Mile als Bühne

Die Royal Mile ist während der Festivalsaison das Epizentrum der Straßenaufführungen. Dieser historische Abschnitt, der Edinburgh Castle mit Holyrood Palace verbindet, verwandelt sich in ein Freilufttheater mit Dutzenden von Shows gleichzeitig. Die Künstler wetteifern mit gewagten Kostümen, geistreichen Sprüchen und schierem Können um Aufmerksamkeit, während das Publikum um jeden Akt

Halbkreise bildet. Jongleure werfen brennende Fackeln in die Luft, Tänzer ziehen Leute aus der Menge, um bei ihren Nummern mitzumachen, und Zauberer halten das Publikum mit Taschenspielertricks im Ungewissen. Wenn man hier über das Kopfsteinpflaster schlendert, kann man Darbietungen von traditionellen schottischen Dudelsackspielern bis hin zu experimentellen Theatergruppen in voller Kostümierung sehen. Es ist laut, chaotisch und unendlich fesselnd.

Der Grassmarket und darüber hinaus

Während die Royal Mile die größte Ansammlung von Künstlern anzieht, beherbergen Orte wie Grassmarket, St. Andrew Square und die Meadows ihre eigenen Gruppen von Künstlern. Diese Orte bieten mehr Freiraum als die Mile, sodass die Shows umfangreicher gestaltet werden können. Akrobaten und Zirkusgruppen nutzen diese größeren Räume häufig für waghalsige Stunts, Balanceakte und aufwendige Körperkomödien. Familien treffen sich hier oft, da die Atmosphäre etwas ruhiger ist und Kinder mehr Platz haben, um den Künstlern zuzuschauen oder sogar mit ihnen zu interagieren. Diese Bereiche bieten außerdem die Möglichkeit, die Aufführungen vor der Kulisse der historischen Gebäude Edinburghs oder auf offenen Grünflächen zu genießen, was das Gefühl des Eintauchens in die Show verstärkt.

Pop-Up-Bühnen und temporäre Veranstaltungsorte

Neben den traditionellen Straßenlokalen wimmelt es in Edinburgh im August auch von Pop-up-Bühnen und temporären Veranstaltungsorten. Leere Grundstücke, kleine Innenhöfe und sogar Dächer verwandeln sich in improvisierte Theater. Das Spektrum reicht von winzigen Bühnen, auf denen ein einzelner Musiker Folksongs spielt, bis hin zu aufwendigen Bühnen für Mini-Shows, die wie eine Erweiterung des Fringe-Festivals wirken. Pop-up-Veranstaltungsorte experimentieren oft mit ungewöhnlichen Themen oder Arrangements, wie zum Beispiel Silent Discos, Spoken-Word-Poetry-Ecken oder immersiven Storytelling-Sessions. Für Reisende ist das zufällige Entdecken dieser Pop-up-Shows ein Erlebnis, das einen gemütlichen Spaziergang zu einem kulturellen Erlebnis macht.

Der Geist der Spontaneität

Eines der aufregendsten Elemente von Straßen- und spontanen Performances ist ihre Unvorhersehbarkeit. Anders als bei Veranstaltungen mit Eintrittskarten und festen Startzeiten entwickeln sich Straßenshows ganz natürlich. Sekundenschnell kann sich eine Menschenmenge versammeln, wenn ein Künstler beginnt, oder ein Musiker kann plötzlich eine stille Gasse mit seinem Klang erfüllen. Dadurch entsteht ein Gefühl des gemeinsamen Erlebnisses unter Fremden, bei dem Reisende und Einheimische gleichermaßen stehen bleiben, um zuzuschauen, zu klatschen oder Münzen in den Hut eines Künstlers zu werfen. Diese Abwechslung sorgt dafür, dass sich kein Tag auf den Straßen Edinburghs wie der andere anfühlt.

Unterstützung für Künstler

Künstler arbeiten oft auf Spendenbasis, d. h. das Publikum zeigt seine Wertschätzung nicht nur durch Applaus, sondern auch durch direkte Beiträge. Viele Künstler reisen aus aller Welt an, um an der Augustsaison in Edinburgh teilzunehmen, und investieren in Kostüme, Requisiten und Reisekosten, in der Hoffnung, ein neues Publikum zu erreichen. Durch ihre Unterstützung tragen die Zuschauer aktiv zum Erhalt dieser Kultur lebendiger, spontaner Kunst bei. Für viele trägt dieser Austausch zur Authentizität des Augenblicks bei und macht Straßenaufführungen zu einem wichtigen und geschätzten Teil der Festivallandschaft.

Straßenkultur nach Einbruch der Dunkelheit

Auch nach dem geschäftigen Treiben am Tag wimmelt es in den Straßen bis spät in die Nacht von Künstlern. Feuertänzer, Trommler und Lichtshows treten im Schein der Straßenlaternen auf und schaffen eine völlig andere Atmosphäre. Während tagsüber Familien die Shows dominieren, zieht es abends oft ältere Menschen an, die von der Mischung aus Nachtleben und spontaner Unterhaltung angezogen werden. Nach Sonnenuntergang erwacht die Royal Mile zu einer ganz anderen Energie: flackernde Flammen, Musik, die durch die engen Gassen hallt, und man spürt, dass die Festivalstimmung niemals wirklich schläft.

Warum es für Reisende wichtig ist

Für viele Besucher sind Straßenaufführungen und spontane Events die einfachste Möglichkeit, Edinburghs Festivalkultur kennenzulernen. Sie sind kostenlos, können spontan besucht werden und zeigen die pure Kreativität der Künstler in ihrer unmittelbarsten Form. Im Gegensatz zu strukturierten Shows wirken diese Begegnungen persönlich und ungeplant und ermöglichen Reisenden, die Stadt auf partizipative Weise kennenzulernen. Sie dienen auch als Einstieg in größere Shows; oft verteilen Straßenkünstler Flyer für kostenpflichtige Veranstaltungen, an denen sie teilnehmen, und geben neugierigen Reisenden so die Möglichkeit, tiefer in Edinburghs künstlerisches Angebot einzutauchen.

Straßenaufführungen und spontane Events fangen die Essenz des Edinburgher Augusts ein – lebendig, unvorhersehbar und verwurzelt in der gemeinsamen Freude an der Kunst im öffentlichen Raum. Sie erinnern Reisende daran, dass die großen Festivals zwar die offizielle Attraktion sind, ein Großteil der Magie jedoch informell, auf den Steinen und Plätzen der Stadt, in flüchtigen Momenten der Verbindung zwischen Künstlern und Publikum geschieht.

2.6 Wie Festivals mit dem Tattoo verflochten sind

Edinburgh im August ist ein lebendiges Mosaik, in dessen jahrhundertealten Steinstraßen nicht nur eine Aufführung stattfindet, sondern unzählige sich überschneidende Welten aus Kunst, Musik und Spektakel. Das Royal Edinburgh Military Tattoo ist ein zentrales Element, steht aber nie allein. Sein Rhythmus, seine Energie und seine Anziehungskraft auf ein internationales Publikum verschmelzen zu einem größeren Gefüge von Festivals und schaffen so eine einzige, intensive Saison statt einer Reihe einzelner Veranstaltungen. Zu verstehen, wie das Tattoo mit der weiteren Festivalsaison verknüpft ist, ist für jeden Reisenden unerlässlich, der verstehen möchte, warum sich Edinburgh im August anders anfühlt als jeder andere Ort auf der Welt.

Der gemeinsame Puls der Stadt

Das Tattoo teilt seine Bühne mit der Energie des Internationalen Festivals, des Fringe, des Buchfestivals und unzähliger Straßenaufführungen. Wenn die Besucher nach dem Finale des Tattoos die Castle Esplanade verlassen, betreten sie keine ruhige Stadt. Stattdessen werden sie in eine Landschaft eingetaucht, die bereits von Gelächter, Late-Night-Theater, improvisierten Ceilidhs und Künstlern erfüllt ist, die noch immer

Menschenmassen auf das Kopfsteinpflaster locken. Die Struktur und Disziplin des Tattoos – seine Militärkapellen, präzisen Formationen und Feuerwerke – finden einen natürlichen Ausgleich in der Lockerheit und Unberechenbarkeit des Fringe oder der offenen Debatten beim Buchfestival. Zusammen erzeugen sie einen Rhythmus, der die Stadt vom Morgen bis tief in die Nacht lebendig hält.

Ein Austausch von Audienzen

Die Überschneidung des Publikums beim Tattoo und den Festivals ist einer der faszinierendsten Aspekte des Augusts in Edinburgh. Viele, die zum Tattoo kommen, entdecken die Festivalkultur fast zufällig. Eine Familie, die abends zum Tattoo kommt, verbringt den Nachmittag vielleicht im Charlotte Square Garden und lauscht Autoren oder schlendert in einen kleinen Veranstaltungsort, um sich eine Fringe-Comedy anzusehen. Umgekehrt fühlen sich Fringe-Besucher, die ohnehin schon auf unkonventionelle Darbietungen eingestellt sind, von der Pracht des Tattoo als spektakulärem Abschluss ihres Festivalerlebnisses angezogen. Dieser Publikumsaustausch stellt sicher, dass keine Veranstaltung isoliert existiert; jede Veranstaltung befruchtet die andere, erweitert ihre Reichweite und verstärkt die kollektive Energie der Stadt.

Kontraste, die sich ergänzen

Das Tattoo als formelle, durchchoreografierte Veranstaltung könnte sich kaum stärker vom anarchischen Geist des Fringe oder den intellektuellen Erkundungen des Buchfestivals unterscheiden. Doch gerade diese Kontraste ergänzen sich. Die Präzision des Tattoos wird noch eindrucksvoller, wenn man sie neben dem experimentellen Chaos des Fringe-Theaters erlebt. Die Feierlichkeit der Dudelsack- und Trommelmassen wirkt noch intensiver, wenn sie mit dem Gelächter aus den Kabarettzelten kontrastiert wird. Diese Kontraste ermöglichen es Reisenden, nicht nur Unterhaltung, sondern das gesamte Spektrum menschlichen Ausdrucks in einer einzigen Stadt und Saison zu erleben.

Gemeinsame Nutzung der städtischen Räume

Die physische Überschneidung der Veranstaltungsorte verzahnt das Tattoo noch stärker mit den Festivals. Das Tattoo dominiert Edinburgh Castle, ein Wahrzeichen hoch über der Stadt, während das Fringe in nahezu jeden verfügbaren Keller, Pub und Saal eindringt. Das Internationale Festival füllt große Konzertsäle, während das Buchfestival sein temporäres Dorf auf dem Charlotte Square errichtet. Doch die Straßen, Brücken und Gärten sind die Arterien, die sie alle verbinden. Menschenmassen, die das Tattoo verlassen, schlendern die Royal Mile entlang, vorbei an Fringe-Flyern und Jongleuren. Besucher, die einem Buchgespräch beiwohnen, werden später vielleicht von der wachsenden Vorfreude auf die abendlichen Aufführungen zur Castle Esplanade getrieben. Die Stadt selbst wird zur Bühne, auf der all diese Ereignisse zusammenlaufen.

Der Energiefluss in den Augustnächten

Abends während der Festivalsaison in Edinburgh ist die Verbindung zwischen dem Tattoo und anderen Veranstaltungen am stärksten spürbar. Das Tattoo beginnt nach Sonnenuntergang, und seine Lichter und Feuerwerke prägen die Skyline. Doch wenn die Show endet, ist die Nacht noch lange nicht vorbei. Das Publikum zieht es oft zu den späten Fringe-Shows oder Festivalclubs, während andere auf der Straße bleiben, um den Künstlern zuzuschauen, die die Passanten noch immer in ihren Bann ziehen. Für viele ist das Tattoo der Einstieg in die Entdeckung des restlichen Festivalangebots, für andere bildet es den krönenden Abschluss eines bereits ereignisreichen Tages voller kultureller Erlebnisse. Dieser Zyklus wiederholt sich jede Nacht und sorgt für einen ständigen Zustrom von Menschen und Energie durch die Stadt.

Gemeinsame Themen des Geschichtenerzählens und der Identität

Obwohl sie sich in ihrer Form unterscheiden, verbindet das Tattoo und die Festivals ein gemeinsames Ziel: das Geschichtenerzählen. Das Tattoo erzählt seine Geschichten durch Musik, Märsche und Feuerwerk, oft im Mittelpunkt von Tradition, Einheit und internationaler Freundschaft. Das Fringe und das International Festival erweitern das Geschichtenerzählen um Theater, Tanz und Musik, während das Book Festival es durch Worte tut. Gemeinsam repräsentieren sie die vielen Arten, wie Menschen Bedeutung vermitteln. Das Zusammenspiel dieser unterschiedlichen Erzählungen in einer konzentrierten Saison schafft ein Kaleidoskop von Stimmen, das das Verständnis des Reisenden für Schottlands Rolle in der Welt bereichert.

Warum diese Verflechtung für Reisende wichtig ist

Für Besucher bedeutet die Verbindung zwischen dem Tattoo und den Festivals, dass sich Reisepläne nie nur auf eine Veranstaltung konzentrieren sollten. Eine Reise rund um das Tattoo ist unvollständig, ohne mindestens ein weiteres Festival zu besuchen, und sei es nur kurz, um den größeren Kontext der Saison zu erleben. Ebenso verpasst jemand, der die Festivals besucht, ohne das Tattoo zu berücksichtigen, einen wichtigen Ausdruck der kulturellen Identität Schottlands. Die Verflechtung sorgt dafür, dass jede Veranstaltung die anderen verstärkt und eine Festivalsaison entsteht, die mehr ist als die Summe ihrer Teile. Für den Reisenden bedeutet dies, dass das wahre Edinburgh-Erlebnis nicht in der Auswahl zwischen Veranstaltungen liegt, sondern darin, deren Überschneidungen, Kontraste und Überraschungen zuzulassen.

Kapitel 3 – Wo man übernachten und sich ausruhen kann

3.1 Altstadt: Historische Unterkünfte in der Nähe des Geschehens

Ein Aufenthalt in Edinburghs Altstadt versetzt Sie ins Herz der Stadtgeschichte, wo jahrhundertealte Straßen, mittelalterliche Architektur und stimmungsvolle Gassen jeden Schritt säumen. In dieser Gegend geht es nicht nur um Komfort – hier schlafen Sie mitten in der Stadtgeschichte, denn die Royal Mile, Edinburgh Castle und das Tattoo-Gelände an der Castle Esplanade liegen direkt vor Ihrer Haustür. Für Reisende, die das Tattoo besuchen oder in die Festivalsaison eintauchen, bietet die Altstadt eine unvergleichliche Kulisse, die Charakter, Kultur und Nähe vereint. Nachfolgend finden Sie einige der bekanntesten und zuverlässigsten Unterkunftsmöglichkeiten mit detaillierten Informationen, die Ihnen die sichere Wahl erleichtern.

Radisson Blu Hotel, Edinburgh

Das Radisson Blu liegt direkt an der Royal Mile und ist damit eine der strategisch günstigsten Unterkünfte während des Tattoos und der Festivals. Das Äußere spiegelt den Charakter der Altstadt wider, während das Hotel im Inneren modernen Komfort mit schottischen Akzenten bietet.

Beschreibung: Geräumige Zimmer, ein Pool, ein Fitnessstudio und ein ausgezeichnetes Restaurant machen es zu einer attraktiven Wahl für alle, die Wert auf Komfort und Bequemlichkeit legen. Viele Zimmer bieten Aussicht auf die Dächer der Altstadt.

Standort:80 High Street, direkt an der Royal Mile, nur einen kurzen Spaziergang bergauf zum Edinburgh Castle und dem Tattoo-Veranstaltungsort. Erreichbar von der Waverley Station in 5 Minuten zu Fuß.

Öffnungszeiten:24-Stunden-Rezeption.

Webseite:www.radissonhotels.com

Preis: Ab 180–280 £ pro Nacht, je nach Saison und Zimmertyp.

Hauptmerkmale: Hallenbad, Wellnessbereich, Restaurant vor Ort, familienfreundliche Zimmer und direkter Zugang zum Festivalgelände.

Besucherservice: Concierge-Support für die Buchung von Festivaltickets, Gepäckaufbewahrung und barrierefreie Einrichtungen.

Die Hexerei beim Schloss

Für alle, die etwas Stimmungsvolles und Unvergessliches suchen, ist The Witchery Edinburghs romantischste und theatralischste Unterkunft. Direkt neben den Toren von Edinburgh Castle gelegen, fühlt es sich eher an, als würde man in ein Märchenbuch als in ein Hotel eintreten.

Beschreibung:Üppig dekorierte Suiten mit Samtvorhängen, antiken Möbeln und dramatischen gotischen Akzenten. Jede Suite ist einzigartig und das Essen im The Witchery ist ein Erlebnis.

Standort: Castlehill, ganz oben auf der Royal Mile, neben Edinburgh Castle und dem Eingang zum Tattoo. Wenn Sie das Hotel verlassen, befinden Sie sich bereits im Herzen des Tattoo-Geländes.

Öffnungszeiten:24-Stunden-Zugang mit Voranmeldung für Suiten und Restaurant.

Webseite:www.thewitchery.com

Preis: Ab 395–600 £ pro Nacht, Aufpreis für die Festivalsaison im August.

Hauptmerkmale: Luxussuiten, historisches Gebäude mit Charakter, gehobenes Restaurant und Exklusivität mit begrenzten Suiten.

Besucherservice: Persönlicher Service, Speisen auf dem Zimmer und Unterstützung bei Sonderwünschen wie der Organisation privater Festivals.

Apex Grassmarket Hotel

Dies ist ein modernes Hotel im Viertel Grassmarket, direkt unterhalb von Edinburgh

Castle, das einen hervorragenden Blick auf die Festung bietet, die während der Tattoo-Abende beleuchtet wird.

Beschreibung: Das Hotel besticht durch sein elegantes Design und die komfortablen, modernen Zimmer. Viele davon verfügen über einen Balkon mit Blick auf das Schloss. Ein Favorit unter all jenen, die nachts einen Blick auf das Schloss genießen möchten.

Standort:31–35 Grassmarket, am Fuße des Castle Rock. Etwa 10 Minuten Fußweg bergauf zur Tattoo Arena über Castle Wynd.

Öffnungszeiten:24-Stunden-Rezeption.

Webseite:www.apexhotels.co.uk

Preis: Von 150–220 £ pro Nacht im August.

Hauptmerkmale: Zimmer mit Blick auf das Schloss, Speiseräume auf dem Dach, Innenpool und ausgezeichneter Frühstücksservice.

Besucherservice: Concierge-Schalter, Zimmerservice, Wäscheservice und Unterstützung beim Kauf von Veranstaltungstickets.

Ibis Edinburgh Centre South Bridge – Royal Mile

Für Reisende, die ein günstiges Hotel suchen, ohne auf den Standortvorteil verzichten zu müssen, ist das Ibis South Bridge eine zuverlässige Option. Es bietet einfachen Komfort und alles ist zu Fuß erreichbar.

Beschreibung: Saubere, moderne Zimmer mit praktischer Einrichtung. Ideal für preisbewusste Reisende, die die Festivals besuchen.

Standort:77 South Bridge, einen Block von der Royal Mile und etwa 10 Gehminuten vom Edinburgh Castle entfernt. Auch in der Nähe des Bahnhofs Waverley mit guter Verkehrsanbindung.

Öffnungszeiten:24-Stunden-Rezeption.

Webseite:all.accor.com

Preis: Von 95–150 £ pro Nacht im August.

Hauptmerkmale: Budgetfreundlich, modernes Design, Restaurant und Bar vor Ort verfügbar.

Besucherservice: Einfacher Concierge-Service, WLAN, Gepäckaufbewahrung und rund um die Uhr Verfügbarkeit von Speisen und Getränken.

Altstadt-Kammerwohnungen

Für diejenigen, die Unabhängigkeit und einen heimeligen Aufenthalt bevorzugen, bietet Old Town Chambers Serviced Apartments, versteckt in den Gassen abseits der Royal Mile. Diese verbinden Privatsphäre mit historischem Ambiente.

Beschreibung: Stilvolle Apartments zur Selbstverpflegung in restaurierten historischen Gebäuden. Mit Küche und Wohnbereich ideal für längere Aufenthalte.

Standort: Roxburgh's Court, direkt an der Royal Mile in der Nähe der St. Giles' Cathedral. Das Tattoo und das Schloss sind einen 10-minütigen Spaziergang bergauf entfernt.

Öffnungszeiten: Check-in ab 15 Uhr, Rezeption bis spät geöffnet.

Webseite:www.lateralcity.com

Preis: Ab 200–350 £ pro Nacht, je nach Wohnungsgröße.

Hauptmerkmale: Voll ausgestattete Küchen, luxuriöse Innenausstattung, zentrale und dennoch private Lage, familienfreundlich.

Besucherservice:Tägliche Zimmerreinigung, Concierge-Unterstützung und digitaler Check-in.

Jede dieser Unterkünfte ermöglicht es Reisenden, direkt ins Herz der Tattoo- und Festivalsaison einzutauchen. Ein Aufenthalt in der Altstadt bedeutet, in das Stadtleben einzutauchen, wo die Straßen bis spät in die Nacht von Dudelsäcken, Künstlergruppen und Festivalbesuchern erfüllt sind. Die Wahl zwischen dem historischen Charakter von The Witchery, der Bequemlichkeit von Radisson Blu oder der Unabhängigkeit der Old Town Chambers hängt von Ihrem Reisetyp ab. Alle Unterkünfte haben jedoch einen gemeinsamen Vorteil: die Nähe zum Herzen Edinburghs im August.

3.2 New Town: Komfort und Stil im georgianischen Stil

Im Vergleich zu den gepflasterten Straßen und mittelalterlichen Ecken der Altstadt bietet die Neustadt einen eleganteren Aufenthalt. Erbaut im 18. und 19. Jahrhundert, verleihen ihr die breiten Alleen, eleganten Plätze und die klassische georgianische Architektur ein völlig anderes Flair – luftig, strukturiert und für alle, die eine Balance zwischen Geschichte und modernem Komfort schätzen. Wenn Sie hier übernachten, sind Sie zwar immer noch nur wenige Gehminuten von der Royal Mile und dem Tattoo at Edinburgh Castle entfernt, aber die Atmosphäre ist ruhiger, sauberer und oft geräumiger. Sie eignet sich besonders für Reisende, die ein Gefühl von Eleganz, Boutique-Shopping und kulturellem Zugang suchen und gleichzeitig dem ständigen Trubel der Altstadt entgehen möchten.

Das Balmoral Hotel

Das Balmoral ist eines der bekanntesten Hotels Edinburghs und thront stolz am östlichen Ende der Princes Street. Mit seinem weithin sichtbaren Uhrenturm ist es nicht nur ein Wahrzeichen, sondern auch ein Hotel, das Luxus und schottische Eleganz verkörpert. Im Inneren erwartet Sie eine Inneneinrichtung, die modernen Komfort mit klassischem Design verbindet und ein Gefühl zeitloser Eleganz vermittelt.

Beschreibung: Das Balmoral bietet 5-Sterne-Service und geräumige Zimmer, viele mit Blick auf Edinburgh Castle oder Arthur's Seat. Es beherbergt ein mit einem Michelin-Stern ausgezeichnetes Restaurant, eine Whiskybar und ein ruhiges Spa. Die Mitarbeiter sind für ihre außergewöhnliche Liebe zum Detail bekannt.

Standort:1 Princes Street, direkt mit dem Bahnhof Waverley verbunden, daher äußerst praktisch für die Anreise mit dem Zug. Ein kurzer Spaziergang bringt Sie zur Royal Mile oder zum Tattoo-Bereich an der Castle Esplanade.

Öffnungszeiten:Täglich 24 Stunden geöffnet.

Webseite: www.roccofortehotels.com

Preis: Die Zimmerpreise beginnen je nach Saison normalerweise bei etwa 350 £ pro Nacht.

Hauptmerkmale: Michelin-Sterne-Restaurant, renommierte Scotch-Whisky-Bar, Spa- und Wellnesseinrichtungen, Blick auf wichtige Sehenswürdigkeiten.

Besucherservice:24-Stunden-Concierge, Speisen auf dem Zimmer, Wäscheservice, private Führungen auf Anfrage und direkter Zugang zu den Bahnsteigen.

Kimpton Charlotte Square Hotel

Eingebettet in einen der schönsten georgianischen Plätze der Neustadt verbindet dieses Hotel traditionelles Design mit modernem Komfort. Die Fassade des Gebäudes besticht durch symmetrische Steinfassaden und historischen Charme, während die Innenräume stilvoll modernisiert wurden und den Fokus auf Entspannung und herzliche Gastfreundschaft legen.

Beschreibung: Das Hotel ist als Rückzugsort vom geschäftigen Festivaltrubel konzipiert. Die Zimmer und Suiten verbinden modernen schottischen Stil mit gemütlichen Akzenten, während das Restaurant im Innenhof und das Spa den idealen Ort zum Entspannen nach langen Festivaltagen bieten.

Standort:38 Charlotte Square, am westlichen Ende der George Street. Zu Fuß erreichbar sind die Princes Street Gardens und etwa 15–20 Minuten bergauf zum Edinburgh Castle.

Öffnungszeiten:Täglich 24 Stunden geöffnet.

Webseite: www.kimptoncharlottesquare.com

Preis: Die Zimmerpreise beginnen in der Regel bei 250 £ pro Nacht und variieren je nach Saison und Verfügbarkeit.

Hauptmerkmale: Vor-Ort-Spa, Fitnesscenter, Speisebereich im grünen Innenhof, einfacher Zugang zu den Einkaufsmöglichkeiten und Restaurants der George Street.

Besucherservice: Concierge-Support, Fahrradverleih, Wellness-Services, privates Essen und Veranstaltungsbuchungen.

InterContinental Edinburgh The George

Dieses historische Hotel empfängt seit dem 18. Jahrhundert Gäste und ist nach wie vor eine der angesehensten Adressen der Neustadt. Es bietet eine Mischung aus georgianischem Erbe und der zuverlässigen Qualität einer internationalen Hotelmarke.

Beschreibung: Die Zimmer sind hell, komfortabel und elegant eingerichtet und vereinen modernen Komfort mit klassischem Stil. Die Gäste genießen eine ruhige Atmosphäre in einer der angesagtesten Straßen der Stadt.

Standort:19–21 George Street, umgeben von Boutiquen und Restaurants, nur 10–12 Gehminuten von der Castle Esplanade entfernt, wo das Tattoo stattfindet.

Öffnungszeiten:Täglich 24 Stunden geöffnet.

Webseite: www.ihg.com/intercontinental

Preis: Die Preise beginnen normalerweise bei etwa 220 £ pro Nacht.

Hauptmerkmale: Historisches Erbe, stilvolle Zimmer, zentrale Lage in der Neustadt.

Besucherservice: Concierge-Schalter, Gepäckaufbewahrung, Speise- und Barservice, Veranstaltungsunterstützung und Businesseinrichtungen.

3.3 Budget-Optionen: Hostels und Gästehäuser

Reisende, die die Festivalsaison im August in Edinburgh erleben möchten, ohne ihr Portemonnaie zu sehr zu strapazieren, können in günstigen Unterkünften nahe dem Stadtzentrum übernachten und gleichzeitig Geld für Shows, Mahlzeiten und Attraktionen sparen. Edinburgh bietet eine große Auswahl an Hostels und Pensionen – von lebhaften Treffpunkten für junge Reisende bis hin zu ruhigen, familiengeführten Unterkünften mit heimeligem Komfort. Eine günstige Unterkunft bedeutet keine Kompromisse bei Lage oder Atmosphäre; viele dieser Unterkünfte liegen mitten im Geschehen und sind daher bequem zu Fuß zu den Festivalorten, dem Tattoo an der Castle Esplanade und den kulturellen Attraktionen in der Altstadt und Neustadt zu erreichen.

Beschreibung:
Hostels in Edinburgh vereinen oft Charakter mit Funktionalität. Manche befinden sich in alten Steingebäuden mit Gewölbedecken und originellem Grundriss, andere sind elegante, moderne Unterkünfte, die speziell für digitale Nomaden und Rucksacktouristen konzipiert wurden. Gästehäuser hingegen bieten einen ruhigeren und persönlicheren Aufenthalt. Die familiengeführten Gastgeber servieren traditionelles

Frühstück und geben Einblicke in die Stadt. Beide Kategorien eignen sich gut für Reisende, die Wert auf Erlebnisse und Kultur statt auf Luxus legen.

Standort:

Günstige Hostels und Pensionen finden sich über die gesamte Innenstadt von Edinburgh verteilt, viele davon jedoch in der Nähe von Cowgate, Grassmarket und South Bridge in der Altstadt – Viertel, die nur wenige Gehminuten von der Royal Mile, Edinburgh Castle und den Fringe-Veranstaltungsorten entfernt liegen. Einige Unterkünfte liegen nur eine kurze Busfahrt entfernt in Vierteln wie Leith oder Newington, wo die Preise tendenziell etwas niedriger sind. Die Anfahrt ist in der Regel unkompliziert, wobei der Bahnhof Waverley (der wichtigste Eisenbahnknotenpunkt) als zentraler Orientierungspunkt dient.

Öffnungszeiten:

Die meisten Hostels haben eine 24-Stunden-Rezeption, insbesondere im August, um späte Ankünfte und Festivalbesucher, die nach Mitternachtsvorstellungen zurückkehren, unterzubringen. Gästehäuser bieten oft einen früheren Check-in und feste Schließzeiten an. Für späte Ankünfte können jedoch in der Regel im Voraus Vorkehrungen getroffen werden.

Webseite:

- Castle Rock Hostel – www.castlerockedinburgh.com
- Kick Ass Hostels – www.kickasshostels.co.uk
- High Street Hostel – www.highstreethostel.com
- Jugendherberge Edinburgh Central (Hostelling Scotland) – www.hostellingscotland.org.uk
- Averon Gästehaus – www.averonguesthouse.com

Preis:

Aufgrund der Festivalnachfrage steigen die Preise im August stark an. Schlafsäle in Hostels kosten in der Regel zwischen 35 und 60 £ pro Nacht, während private Hostelzimmer je nach Nähe zum Stadtzentrum zwischen 90 und 150 £ kosten können. Gästehäuser kosten in der Regel ab etwa 70 £ pro Nacht für Einzelzimmer und 120 bis 160 £ für Doppelzimmer. Für die Augustsaison ist eine frühzeitige Buchung unerlässlich.

Hauptmerkmale:

- Soziale Räume in Hostels mit Lounges, Bars und Gemeinschaftsküchen.
- Historische Architektur und charaktervolle Innenräume, insbesondere in Hostels in der Altstadt.

- Viele Hostels bieten kostenlose oder günstige Wandertouren an.
- Gästehäuser bieten oft ein herzhaftes warmes Frühstück mit vegetarischen Optionen an.
- Kostenloses WLAN ist in allen Unterkünften Standard.
- Zentrale Standorte in Gehweite zu wichtigen Veranstaltungsorten.

Besucherservice:

- Gepäckaufbewahrung für frühe Ankünfte oder bequemes Aufbewahren nach dem Check-out.
- Unterstützung bei der Ticketbuchung für Fringe-Shows und Tattoo-Sitzplätze.
- Wäscheservice und Gemeinschaftsküche.
- Schließfächer für zusätzliche Sicherheit in Schlafsälen.
- Hilfsbereite Gastgeber in den Pensionen bieten Tipps und Abkürzungen durch die Umgebung.

Abschluss:

Günstige Unterkünfte in Edinburgh bieten viel mehr als nur einen Platz zum Schlafen. Ob ein lebhaftes Hostel mit internationalen Reisenden oder eine ruhige Pension einer einheimischen Familie – diese Optionen ermöglichen es Besuchern, ihr Budget zu schonen und trotzdem mitten im Geschehen zu bleiben. Die Ersparnisse bedeuten oft mehr Geld für Tickets, Mahlzeiten und Souvenirs – Dinge, die das Festivalerlebnis noch bereichern. Für alle, die im August kommen möchten, ist eine frühzeitige Buchung unerlässlich, da die Stadt schnell ausgebucht ist. Eine Übernachtung in diesen preisgünstigen Optionen garantiert sowohl praktische Annehmlichkeit als auch eine echte Verbindung zum Rhythmus Edinburghs während seiner aufregendsten Jahreszeit.

3.4 Mittelklassehotels für praktische Reisende

Für Reisende, die Komfort und günstige Preise suchen, sind die Mittelklassehotels in Edinburgh die ideale Wahl. Sie vereinen angemessene Preise mit guter Lage, solider Ausstattung und zuverlässigem Service. Diese Hotels richten sich oft sowohl an Urlauber als auch an Geschäftsreisende und sind daher vielseitig für Familien, Paare oder Alleinreisende geeignet. Viele liegen in der Nähe wichtiger Verkehrsknotenpunkte, historischer Viertel oder in fußläufiger Entfernung zu den wichtigsten Sehenswürdigkeiten. Nachfolgend finden Sie einige der bekanntesten Mittelklassehotels, die sich durch ihre Beständigkeit und ihr gutes Preis-Leistungs-Verhältnis auszeichnen.

Motel One Edinburgh-Royal

Dieses Hotel vereint erschwingliche Preise mit Stil und befindet sich in erstklassiger Lage, nur wenige Schritte vom Bahnhof Waverley und der Royal Mile entfernt. Das

Design ist modern und dennoch gemütlich. Die Zimmer sind kompakt, aber durchdacht eingerichtet, um maximalen Komfort zu bieten. Gäste schätzen das zuverlässige WLAN, die stilvollen Loungebereiche und das freundliche Personal.

Beschreibung: Das Motel One bietet praktische Zimmer mit bequemen Betten, Regenduschen und einer beruhigenden, modernen Ästhetik. Ein Highlight ist die Lobbybar, die einen entspannten Raum für einen Drink am späten Abend oder ein kurzes Meeting bietet.

Standort: Das Hotel liegt in der Market Street und ist vom Bahnhof Waverley aus direkt erreichbar, was es für diejenigen, die mit dem Zug anreisen, praktisch macht.

Öffnungszeiten: Rund um die Uhr geöffnet.

Webseite:www.motel-one.com

Preis: Normalerweise liegen die Preise je nach Saison und Nachfrage zwischen 90 und 150 £ pro Nacht.

Hauptmerkmale: Zentrale Lage, designorientierte Innenausstattung und zuverlässiger Service.

Besucherservice: Kostenloses WLAN, 24-Stunden-Rezeption, Gepäckaufbewahrung und Frühstücksbuffet gegen Aufpreis.

Ten Hill Place Hotel

Dieses Hotel gehört dem Royal College of Surgeons in Edinburgh und genießt einen hervorragenden Ruf für seinen Service und seine Atmosphäre. Es spricht Gäste an, die Komfort ohne Überfluss suchen.

Beschreibung: Das Ten Hill Place bietet saubere, geräumige Zimmer in warmen Farbtönen. Das hoteleigene Restaurant wird für seine frischen schottischen Produkte gelobt und die Bar serviert eine große Auswahl an Weinen und Whiskys.

Standort: Hill Place, nur einen kurzen Spaziergang vom Festival Theatre und 10 Minuten von der Royal Mile entfernt.

Öffnungszeiten: Rund um die Uhr geöffnet.

Webseite:www.tenhillplace.com

Preis: Etwa 120–180 £ pro Nacht.

Hauptmerkmale: Umweltbewusster Betrieb, lokal inspirierte Küche und Nähe zu Theatern.

Besucherservice:WLAN, Fitnessraum, 24-Stunden-Rezeption, Zimmerservice und Restaurant vor Ort.

Apex Grassmarket Hotel

Dieses Hotel im lebhaften Viertel Grassmarket ist besonders für diejenigen attraktiv, die gerne in einer dynamischen und dennoch geselligen Atmosphäre übernachten.

Beschreibung: Die Zimmer sind für moderne Reisende konzipiert und verfügen über große Betten, einen Schreibtisch und ein eigenes Bad. Viele Zimmer bieten einen Blick auf das Schloss und vermitteln den Gästen so ein Gefühl der Verbundenheit mit dem

Erbe der Stadt.

Standort: Grassmarket, eingebettet unter Edinburgh Castle. Von der Royal Mile aus leicht zu Fuß erreichbar.

Öffnungszeiten: Rund um die Uhr geöffnet.

Webseite:www.apexhotels.co.uk

Preis: Je nach Saison zwischen 130 und 190 £ pro Nacht.

Hauptmerkmale: Zimmer mit Schlossblick, moderne Annehmlichkeiten, Innenpool und Fitnessstudio.

Besucherservice:WLAN, Wellnesseinrichtungen, Concierge-Service und gastronomische Einrichtungen vor Ort.

Leonardo Royal Hotel Edinburgh Haymarket

In der Nähe des Finanzviertels und der Verkehrsanbindungen gelegen, vereint dieses Hotel Zweckmäßigkeit und Komfort und ist somit ideal sowohl für kurze Urlaubsaufenthalte als auch für längere Geschäftsbesuche.

Beschreibung: Das Hotel bietet moderne Zimmer mit großen Fenstern, klaren Linien und hochwertiger Bettwäsche. Das Restaurant und die Bar eignen sich gut für ein zwangloses Abendessen oder einen Drink am Abend.

Standort: In der Nähe der Haymarket Station, eine kurze Straßenbahnfahrt vom Flughafen und etwa 15 Gehminuten von der Princes Street entfernt.

Öffnungszeiten: Rund um die Uhr geöffnet.

Webseite:www.leonardo-hotels.com

Preis: Normalerweise 100–160 £ pro Nacht.

Hauptmerkmale:Günstige Lage, große Tagungsräume und moderner Stil.

Besucherservice:WLAN, Businesseinrichtungen, Fitnesscenter, Restaurant vor Ort und Wäscheservice.

Abschluss

Mittelklassehotels in Edinburgh bieten Reisenden erschwingliche Preise und Komfort ohne Kompromisse bei der Lage. Vom eleganten Design des Motel One über die kulturelle Anbindung des Ten Hill Place und die lebendige Atmosphäre des Apex Grassmarket bis hin zum praktischen Leonardo Royal – jedes Hotel erfüllt leicht unterschiedliche Bedürfnisse und liegt dennoch in der Nähe der wichtigsten Sehenswürdigkeiten. Für Reisende, die Wert auf zuverlässigen Service, einladende Zimmer und eine optimale Erreichbarkeit legen, sind diese Hotels die ideale Wahl für einen Aufenthalt in der Stadt.

3.5 Luxushotels mit Schlossblick

Ein Aufenthalt in Edinburgh erhält ein ganz neues Niveau an Erhabenheit, wenn sich Ihr Fenster zu einem atemberaubenden Blick auf das Kronjuwel der Stadt, Edinburgh Castle, öffnet. Für Reisende, die Wert auf Komfort, Atmosphäre und ein Gefühl für den

Ort legen, sind die Luxushotels mit Blick auf das Schloss mehr als nur Unterkünfte – sie bieten ein Eintauchen in die Geschichte und Eleganz der Stadt. Diese Unterkünfte vereinen aufmerksamen Service mit Architektur und Design, die sowohl Edinburghs Erbe als auch seine moderne Eleganz widerspiegeln.

Das Balmoral Hotel

Das Balmoral ist mit seinem imposanten Glockenturm am östlichen Ende der Princes Street wohl Edinburghs bekanntestes Luxushotel. Das historische Hotel, das 1902 eröffnet wurde, bietet klassisch eingerichtete Zimmer mit Blick auf die Neustadt, Arthur's Seat und – von vielen Suiten aus – direkt auf die Burg. Im Inneren bilden Marmortreppen, Kronleuchter und geschmackvolle schottische Designelemente ein Ambiente, in dem Tradition auf Raffinesse trifft. Das Hotel beherbergt außerdem eines der mit einem Michelin-Stern ausgezeichneten Restaurants der Stadt, das Number One.

Beschreibung: Ein zeitloses Wahrzeichen-Hotel, das edwardianische Architektur mit modernem Luxus verbindet und geräumige Suiten, gehobene Küche und Spa-Einrichtungen bietet.

Standort:1 Princes Street, Edinburgh. Direkt gegenüber dem Bahnhof Waverley, leicht mit dem Zug, Bus oder der Straßenbahn zu erreichen.

Öffnungszeiten:24 Stunden, täglich.

Webseite: www.roccofortehotels.com

Preis: Ab 350–1.200 £ pro Nacht, je nach Zimmerkategorie und Saison.

Hauptmerkmale: Michelin-Sterne-Restaurant, Luxus-Spa, Panoramablick auf die Burg, Nachmittagstee im Palm Court.

Besucherservice: Concierge-Service, Chauffeurtransfers, 24-Stunden-Zimmerservice, Buchung von Führungen, kinderfreundliche Annehmlichkeiten.

Waldorf Astoria Edinburgh – The Caledonian

Dieses ehemalige viktorianische Eisenbahnhotel, schlicht „The Caley" genannt, befindet sich in bester Lage an der Princes Street mit direktem Blick auf das Schloss. Sein historisches Erbe spiegelt sich in den kunstvollen Steinmetzarbeiten und großzügigen öffentlichen Bereichen wider, während die Innenräume zeitgenössischen Luxus mit warmem schottischem Flair verbinden. Viele Zimmer bieten einen ungehinderten Blick auf Edinburgh Castle, was es zu einer beliebten Wahl für Gäste während der Festivalsaison macht, wenn Feuerwerke den Nachthimmel über der Festung erleuchten.

Beschreibung: Ein elegantes Fünf-Sterne-Hotel mit luxuriösen Zimmern, mehreren Speisemöglichkeiten und Suiten mit Blick auf das Schloss, die das Beste der Skyline von Edinburgh bieten.

Standort: Princes Street, Edinburgh, leicht erreichbar von der Haymarket Station oder einen kurzen Fußweg von der Straßenbahnhaltestelle Princes Street entfernt.

Öffnungszeiten:24 Stunden, täglich.

Webseite: www.hilton.com

Preis: Von 280–950 £ pro Nacht.

Hauptmerkmale: Suiten mit Schlossblick, Guerlain-Spa, klassischer Nachmittagstee, gehobene Restaurants.

Besucherservice:24-Stunden-Concierge, Parkservice, Wellnessbehandlungen, Event-Hosting, Wäscheservice.

Apex Grassmarket Hotel

Obwohl der Stil des Apex Grassmarket im Vergleich zu den großen Namen etwas entspannter ist, bietet es einige der beeindruckendsten Ausblicke auf das Schloss, direkt darunter auf dem belebten Grassmarket-Platz gelegen. Das Design ist modern, mit klaren Linien und komfortabler Innenausstattung. Die Lage macht es ideal für alle, die direkt in die Altstadt spazieren und dennoch ein luxuriöses Hotelerlebnis genießen möchten. Viele Zimmer rahmen das Schloss dramatisch ein, besonders nachts, wenn es beleuchtet ist.

Beschreibung: Ein modernes Luxushotel mit stilvollen Zimmern und raumhohen Fenstern mit Blick auf die Burg, gelegen an einem der geschichtsträchtigsten Marktplätze Edinburghs.

Standort: Grassmarket, Edinburgh, erreichbar von der Royal Mile oder zu Fuß von der George IV Bridge.

Öffnungszeiten:24 Stunden, täglich.

Webseite: www.apexhotels.co.uk

Preis: Von 220–600 £ pro Nacht.

Hauptmerkmale: Zimmer mit Blick auf das Schloss, modernes Restaurant, Innenpool, Fitnesscenter.

Besucherservice: Concierge-Service, Zimmerservice, Veranstaltungsräume, Gästeparkplätze.

Sheraton Grand Hotel & Spa

Das Sheraton liegt am westlichen Ende der Princes Street und bietet eine Mischung aus modernem Design und umfassendem Spa-Verwöhnprogramm. Viele Zimmer bieten Blick auf das Schloss. Gäste heben oft den Hydropool auf dem Dach des One Spa als besonderes Erlebnis hervor. Hier können Sie im warmen Wasser baden und dabei direkt auf Edinburgh Castle blicken. Die Lage bietet die perfekte Balance zwischen Nähe zu den Sehenswürdigkeiten und gleichzeitig etwas abseits des Festivaltrubels.

Beschreibung: Ein modernes Fünf-Sterne-Hotel mit luxuriösen Zimmern, einem preisgekrönten Spa und Thermalsuiten auf dem Dach mit Blick auf Edinburgh Castle.

Standort:1 Festival Square, Edinburgh, mit der Straßenbahn oder dem Bus von der Princes Street aus erreichbar.

Öffnungszeiten:24 Stunden, täglich.

Webseite: www.marriott.com

Preis: Von 250–800 £ pro Nacht.

Hauptmerkmale: Ein Spa mit Hydropool auf dem Dach, Suiten mit Schlossblick, gehobene Küche, modernes Design.

Besucherservice: Concierge, Spa-Behandlungen, Fitnessstudio, Business-Einrichtungen, kinderfreundliche Dienstleistungen.

Abschluss

Edinburghs Luxushotels mit Blick auf die Burg sind mehr als nur Übernachtungsmöglichkeiten – sie laden dazu ein, den Puls der Stadt komfortabel und stilvoll zu erleben. Ob das zeitlose Prestige des Balmoral, das viktorianische Erbe des Caledonian, die moderne Atmosphäre des Apex Grassmarket oder das Spa-Hotel des Sheraton – jedes Hotel bietet eine einzigartige Perspektive auf die Burg und die Stadt. Die Wahl eines dieser Hotels garantiert nicht nur einen komfortablen Aufenthalt, sondern auch eine enge Verbindung zur Skyline und dem Geist Edinburghs, wo die Geschichte immer direkt vor Ihrem Fenster liegt.

Kapitel 4 – Top-Attraktionen in Edinburgh

4.1 Edinburgh Castle bei Tag

Das majestätisch auf dem Castle Rock thronende Edinburgh Castle ist das bekannteste Wahrzeichen der Stadt und ein Symbol der schottischen Geschichte. Bei einem Besuch tagsüber können Reisende nicht nur die architektonische Pracht, sondern auch die lebendige Geschichte, die in seinen Mauern steckt, in sich aufnehmen. Schon der Weg dorthin sorgt für die richtige Stimmung: Wenn Sie die Royal Mile hinaufgehen, führt Sie das Kopfsteinpflaster zu den Burgtoren, während Straßenmusiker und Dudelsackspieler oft den passenden Soundtrack liefern. Sobald Sie durch den befestigten Eingang treten, werden Ihnen die Größe und die Jahrhunderte alter Geschichte unmittelbar bewusst. Tageslicht erhellt die Zinnen, Türme und Innenhöfe der Burg und gibt Ihnen Raum und Zeit, sie eingehend zu erkunden.

Beschreibung:

Edinburgh Castle ist eine Festung, deren Ursprünge fast tausend Jahre zurückreichen. Im Laufe der Jahrhunderte diente es als königliche Residenz, militärische Festung und nationales Symbol für Widerstand und Widerstandskraft. Besucher können tagsüber die Kronjuwelen Schottlands besichtigen, den Stein des Schicksals bewundern, die Große Halle erkunden und durch den Königspalast schlendern, in dem einst die Monarchen residierten. Zum Schlossgelände gehören auch die St. Margaret's Chapel, das älteste erhaltene Gebäude der Stadt, und das National War Museum of Scotland, das Geschichten von Konflikten und Erinnerungen erzählt. Der Schuss der One O'Clock Gun ist ein weiteres Highlight am Tag, dessen Echo seit dem 19. Jahrhundert durch die Stadt hallt.

Standort:

Edinburgh Castle liegt ganz oben auf dem Castle Rock und ist von der Royal Mile aus zu Fuß erreichbar. Busse und Straßenbahnen halten an der Princes Street, von wo aus der Aufstieg zur Castle Esplanade unkompliziert ist. Der Bahnhof Waverley, der wichtigste Eisenbahnknotenpunkt der Stadt, ist zu Fuß etwa 15 Minuten bergauf entfernt. Wer es weniger anstrengend mag, findet Taxis und Reisebusse, die direkt am Eingang des Schlosses an der Johnston Terrace halten. Die zentrale Lage ermöglicht es, den Besuch mit Besuchen der Sehenswürdigkeiten der Altstadt zu kombinieren.

Öffnungszeiten:

Das Schloss ist in den Sommermonaten (April–September) in der Regel täglich von 9:30 bis 18:00 Uhr und im Winter (Oktober–März) von 9:30 bis 17:00 Uhr geöffnet. Letzter Einlass ist in der Regel eine Stunde vor Schließung. Bei besonderen Veranstaltungen können sich die Öffnungszeiten leicht ändern. Informieren Sie sich daher am besten im Voraus.

Webseite:

www.edinburghcastle.scot

Preis:

Tickets für Erwachsene kosten bei Online-Vorabbuchung in der Regel etwa 19,50 £. Für Kinder, Senioren und Familiengruppen gibt es Ermäßigungen. Kinder unter fünf Jahren haben in der Regel freien Eintritt. Online-Buchungen werden dringend empfohlen, da sie lange Warteschlangen vermeiden und den Einlass während der Festivalsaison sicherstellen.

Hauptmerkmale:

- **Kronjuwelen und Stein des Schicksals:** Diese für die schottische Monarchie und Geschichte zentralen Schätze werden im Crown Room ausgestellt und ziehen Besucher aus aller Welt an.
- **St. Margaretenkapelle:** Eine kleine, aber schöne romanische Kapelle aus dem 12. Jahrhundert, die inmitten des Trubels einen ruhigen Zufluchtsort bietet.
- **Große Halle:** Das beeindruckende Hammerbalkendach und die Ausstellung mittelalterlicher Waffen der 1511 fertiggestellten Halle spiegeln die Pracht und Stärke der Burg wider.
- **Nationales Kriegsmuseum:** Eine Sammlung von Uniformen, Waffen, Medaillen und Briefen, die die persönlichen und kollektiven Erfahrungen schottischer Soldaten offenbaren.
- **Panoramablick:** Von den Burgmauern aus können Besucher über die Stadt hinweg bis hin zu Arthur's Seat, Calton Hill und dem Firth of Forth blicken – an einem hellen Tag ist die Sicht besonders klar.
- **One O'Clock Gun:** Eine tägliche Tradition, die sowohl Spektakel als auch historische Kontinuität bietet und einst zum Einstellen der Schiffsuhren im Hafen genutzt wurde.

Besucherservice:

Das Schloss bietet eine breite Palette an Dienstleistungen, um Barrierefreiheit und Komfort zu gewährleisten. Audioguides in mehreren Sprachen können gemietet werden und bieten an jeder Haltestelle detaillierte Geschichten und Kontext. Führungen mit Schlosspersonal finden den ganzen Tag über regelmäßig statt. Auf dem Schlossgelände gibt es Cafés und Souvenirläden mit Speisen, Getränken und Souvenirs. Toiletten, Wickelräume und Rollstuhlzugang zu ausgewählten Bereichen sind vorhanden, obwohl das steile und gepflasterte Gelände einige Abschnitte für mobilitätseingeschränkte Besucher schwierig macht. Es gibt auch lehrreiche Ausstellungen und interaktive Elemente für Kinder und Schulklassen.

Abschluss:

Ein Besuch von Edinburgh Castle am Tag vermittelt ein umfassenderes Bild seiner Größe und seines Erbes. Sonnenlicht erweckt die Steinmauern und Türme zum Leben, während die Öffnungszeiten den Zugang zu den zahlreichen Museen, Kapellen und königlichen Gemächern ermöglichen. Die Kombination aus tiefer historischer Bedeutung, beeindruckenden Ausblicken und kulturellen Schätzen macht es nicht nur zu Edinburghs bekanntester Sehenswürdigkeit, sondern auch zu einer der bedeutendsten in ganz Schottland. Ein Spaziergang durch seine Tore verbindet Sie direkt mit Jahrhunderten der Geschichte und macht die Erkundung am Tag zu einer der lohnendsten Möglichkeiten, den dauerhaften Platz des Schlosses im Herzen der Stadt zu würdigen.

4.2 Die Royal Mile und ihre versteckten Gassen

Die Royal Mile ist das historische Rückgrat Edinburghs. Sie verläuft mitten durch die Altstadt und verbindet die Pracht des Edinburgh Castle an einem Ende mit der Eleganz des Holyroodhouse-Palastes am anderen. Ein Spaziergang entlang dieses Abschnitts ist, als würde man die Geschichte der schottischen Hauptstadt Stein für Stein lesen. Schmale Gassen, sogenannte Closes, zweigen von der Hauptstraße ab und führen zu Innenhöfen, historischen Häusern und geheimen Winkeln, wo die Vergangenheit der Stadt in stillem Kontrast zum Trubel der Hauptverkehrsstraße verweilt. Die Royal Mile ist voller Dudelsackspieler, Geschichtenerzähler, kleiner Läden, die Tartan, Whisky und Bücher verkaufen, sowie wichtiger Sehenswürdigkeiten, die Mittelalter und Moderne miteinander verbinden. Ein Spaziergang entlang der Royal Mile bedeutet zu verstehen, wie Edinburgh Geschichte, Alltagsleben und Kultur nahtlos ineinander übergehen.

Beschreibung:
Die Royal Mile ist keine einzelne Straße, sondern eine Abfolge von vier Straßen: Castlehill, Lawnmarket, High Street und Canongate. Jeder Abschnitt hat seinen eigenen

Charakter, von der festungsartigen Erscheinung von Castlehill mit seinem Panoramablick bis hin zur offeneren und zeremonielleren Canongate, die nach Holyrood führt. Unterwegs kommen Besucher an bedeutenden Sehenswürdigkeiten vorbei, wie der St. Giles' Cathedral, dem Mercat Cross, John Knox House und dem schottischen Parlamentsgebäude am unteren Ende. Die Meile ist auch berühmt für ihre Closes – enge Gassen mit faszinierenden Namen wie Mary King's Close, Advocate's Close und Bakehouse Close – die alle Geschichten über die Pest, den Handel und das Stadtleben im Laufe der Jahrhunderte in sich tragen. Diese versteckten Durchgänge öffnen sich zu Innenhöfen, Gärten oder historischen Mietshäusern, die ein lebendiges Bild davon zeichnen, wie die Menschen einst in der beengten, aber lebendigen Altstadt lebten.

Standort:
Die Royal Mile erstreckt sich über etwa eine Meile und verläuft bergab vom Edinburgh Castle auf dem Castlehill bis zum Palace of Holyroodhouse am Fuße des Hügels. Die Meile ist am besten zu Fuß erreichbar, und die meisten wichtigen Buslinien Edinburghs halten in der Nähe. Der Bahnhof Waverley, der wichtigste Eisenbahnknotenpunkt der Stadt, ist nur einen kurzen Spaziergang von der zentralen High Street entfernt, sodass das Gebiet für Besucher, die mit dem Zug anreisen, gut erreichbar ist. Die Gassen selbst liegen direkt an der Hauptstraße und sind mit Schildern mit Namen und Eingängen gekennzeichnet.

Öffnungszeiten:
Die Royal Mile selbst ist rund um die Uhr geöffnet, da es sich um eine belebte Straße handelt. Einzelne Sehenswürdigkeiten entlang der Meile, wie die St. Giles' Cathedral, The Real Mary King's Close oder der Holyroodhouse-Palast, haben jedoch eigene Öffnungszeiten. Die meisten öffnen zwischen 9:00 und 10:00 Uhr und schließen zwischen 17:00 und 18:00 Uhr. Abendführungen durch versteckte Gassen, insbesondere solche, die sich auf Edinburghs dunklere Geschichte konzentrieren, werden von mehreren Veranstaltern angeboten und dauern in der Regel bis in den späten Abend.

Webseite:
Allgemeine Besucherinformationen und Einzelheiten zu Veranstaltungen, Aufführungen und Festivals entlang der Royal Mile finden Sie auf der offiziellen Website: www.edinburgh.org.

Preis:
Ein Spaziergang entlang der Royal Mile und der Eintritt in die meisten Closes sind kostenlos. Kosten entstehen beim Besuch bestimmter Sehenswürdigkeiten entlang des Weges: Der Eintritt zu The Real Mary King's Close beginnt für Erwachsene normalerweise bei etwa 20 £, während der Eintritt zum Palace of Holyroodhouse etwa 20–25 £ kostet. Der Eintritt in die St. Giles' Cathedral ist frei, eine Spende von 5 £ wird

jedoch empfohlen. Die Preise für Führungen durch die Closes variieren, beginnen aber normalerweise bei 15–20 £ pro Person.

Hauptmerkmale:

- Historische Architektur aus dem Mittelalter, der Renaissance und der georgianischen Zeit.
- Sehenswürdigkeiten wie die St. Giles' Cathedral, das John Knox House und das Mercat Cross.
- Das Real Mary King's Close bietet einen unterirdischen Einblick in das Edinburgh des 17. Jahrhunderts.
- Zahlreiche Abschlüsse enthalten faszinierende Geschichten, darunter Spukgeschichten, Pestgeschichten und Geschichten über bemerkenswerte Bewohner.
- Geschäfte, die auf traditionelles Kunsthandwerk, Whisky, Tartan und schottische Literatur spezialisiert sind.
- Eine lebendige Atmosphäre mit Straßenmusikanten, Straßenkünstlern und Geschichtenerzählern, insbesondere während der Festivals im August.
- Die Royal Mile dient als zeremonielle Route für königliche und bürgerliche Veranstaltungen.

Besucherservice:

Die Royal Mile ist gesäumt von Cafés, Restaurants und Pubs, die sowohl schottische als auch internationale Küche anbieten. Es gibt auch zahlreiche öffentliche Toiletten, insbesondere in der Nähe wichtiger Sehenswürdigkeiten wie der Castle Esplanade und dem Holyrood Palace. Informationspunkte und geführte Rundgänge sind weit verbreitet, mit mehrsprachigen Optionen für internationale Besucher. Geschäfte und Galerien bieten die Möglichkeit, Souvenirs zu kaufen oder lokales Kunsthandwerk zu entdecken. Die Zugänglichkeit ist unterschiedlich. Während die Hauptstraße im Allgemeinen für Personen mit eingeschränkter Mobilität zugänglich ist, sind viele der Gassen eng, steil und uneben, was ihren mittelalterlichen Ursprung widerspiegelt. Dennoch werden mehrere Führungen, soweit möglich, angepasst, um die Barrierefreiheit zu verbessern.

Abschluss:

Die Royal Mile und ihre versteckten Gassen fangen die Essenz von Edinburghs vielschichtiger Vergangenheit und dynamischer Gegenwart ein. Sie ist mehr als eine Touristenstraße – sie ist das lebendige Herz der Stadt, wo mittelalterliche Gassen Geschichten von Pest und Kaufleuten erzählen, wo Kirchen und öffentliche Gebäude Schottlands Widerstandskraft demonstrieren und wo sich der Rhythmus des Alltags mit der Aufregung von Festivals vermischt. Ein Tag auf der Meile, ein Spaziergang durch ihre Gassen, das Probieren lokaler Speisen und das Betreten historischer

Sehenswürdigkeiten ermöglicht es Besuchern, die Hauptstadt in ihrer authentischsten Form zu erleben. Diese Kombination aus Erhabenheit und Intimität, aus Öffentlichem und Verborgenem macht die Royal Mile nicht nur zu einem Spaziergang durch Edinburgh, sondern zu einer Reise durch die Jahrhunderte.

4.3 Arthur's Seat und Holyrood Park

Arthur's Seat erhebt sich wie ein Naturdenkmal über der Stadt und erinnert daran, dass Edinburgh nicht nur aus Stein und Geschichte besteht, sondern auch von der vulkanischen Erde darunter geformt wurde. Der Aufstieg zum Gipfel ist ebenso machbar wie lohnend und bietet einen der besten Aussichtspunkte der Stadt. Holyrood Park, das weitere Gebiet rund um den Gipfel, erstreckt sich mit sanften Hügeln, felsigen Klippen, Grasebenen und kleinen Seen. Zusammen bilden sie eine Landschaft, die uralt und wild wirkt, obwohl sie nur wenige Minuten vom Trubel der Royal Mile entfernt ist. Seit Jahrhunderten kommen Einheimische und Besucher hierher, um durchzuatmen, nachzudenken und die Stadt aus einer anderen Perspektive zu sehen.

Beschreibung:
Arthur's Seat ist mit 251 Metern (823 Fuß) der höchste Punkt im Holyrood Park. Obwohl er gewaltig aussieht, ist der Aufstieg nicht übermäßig schwierig und für die meisten Menschen mit festem Schuhwerk und einigermaßen guter Fitness zu schaffen. Die Wege zum Gipfel sind unterschiedlich, manche bieten sanfte Hänge, andere sind steiler und felsiger. Der Gipfel belohnt Wanderer mit einer atemberaubenden Aussicht auf die Altstadt, die Neustadt, den Firth of Forth und an klaren Tagen sogar auf die Pentland Hills. Der Holyrood Park selbst ist ein ausgewiesener königlicher Park mit vielen geologischen Formationen, archäologischen Stätten und einer Pflanzen- und Vogelwelt, die seiner rauen Schönheit Tiefe verleihen. Unterwegs kommen Sie an den Salisbury Crags vorbei, dramatischen Klippen, die den Park durchschneiden, und der St. Anthony's Chapel, einer Ruine aus dem 15. Jahrhundert, die hoch über dem St. Margaret's Loch thront und dem Aufstieg eine geheimnisvolle Note verleiht.

Standort:
Holyrood Park liegt am östlichen Ende der Royal Mile, direkt neben dem Holyrood Palace. Er ist nur einen kurzen Spaziergang vom Stadtzentrum entfernt und zählt damit zu den am besten erreichbaren Naturdenkmälern Edinburghs. Es gibt mehrere Zugänge: Die gängigsten Routen beginnen am Holyrood Palace, Meadowbank oder Duddingston. Öffentliche Busse halten in der Nähe des Holyrood Palace, von wo aus Besucher bequem in den Park gelangen und den Aufstieg beginnen können. Für Autofahrer gibt es Parkplätze am Holyrood Palace und am Duddingston Loch.

Öffnungszeiten:
Der Park ist ganzjährig geöffnet und jederzeit zugänglich. Aufgrund unebener Wege und eingeschränkter Beleuchtung wird das Klettern nach Einbruch der Dunkelheit jedoch nicht empfohlen. Ranger sind tagsüber vor Ort und bieten Beratung und Anleitung.

Webseite:
www.historicenvironment.scotbietet offizielle Informationen zum Holyrood Park, einschließlich Routenempfehlungen, Karten und Sicherheitstipps.

Preis:
Der Eintritt ist frei. Der Besuch von Arthur's Seat und Holyrood Park ist völlig kostenlos und somit eine der preisgünstigsten Attraktionen der Stadt.

Hauptmerkmale:

- **Gipfel des Arthur's Seat:**Ein Panoramablick über die Stadt, den man am besten frühmorgens oder kurz vor Sonnenuntergang besucht, wenn das Licht die Skyline in einen goldenen Schimmer taucht.

- **Salisbury Crags:** Eine dramatische Felswand, die parallel zur Stadt verläuft und alternative Spaziergänge mit atemberaubender Aussicht über Edinburgh bietet.
- **St. Margaret's Loch:** Ein kleiner See in der Nähe des Palastes, an dem sich Schwäne und Enten versammeln, oft ein ruhiger Ort für eine Pause vor dem Aufstieg.
- **Ruinen der St. Antonius-Kapelle:** Ein Bauwerk aus dem 15. Jahrhundert, das die Neugier auf Edinburghs mittelalterliche Vergangenheit weckt.
- **Duddingston Loch:** Ein Naturschutzgebiet am südlichen Rand des Parks mit einer reichen Vogelwelt und einem ruhigen Rückzugsort abseits der belebteren Wege.
- **Geologische Formationen:** Der vulkanische Ursprung von Arthur's Seat macht ihn zu einem bedeutenden Wahrzeichen für alle, die sich für Geologie interessieren.

Besucherservice:

Obwohl es im Holyrood Park selbst kein offizielles Besucherzentrum gibt, sind Ranger vom Holyrood Palace aus tätig und stellen Karten und Sicherheitshinweise zur Verfügung. Die Wege sind unterschiedlich schwierig, daher ist das Tragen von geeignetem Schuhwerk unerlässlich. Es gibt keine Cafés oder Restaurants im Park, aber Holyrood Palace und die nahegelegene Royal Mile bieten Speisen und Getränke. Toiletten sind im Holyrood Palace und in den umliegenden Einrichtungen vorhanden. Bänke sind über Teile des unteren Parks verteilt, der Aufstieg selbst ist jedoch steil und ohne offizielle Rastmöglichkeiten.

Arthur's Seat zu erleben ist mehr als nur ein Spaziergang; es ist eine Reise, die Geschichte, Geographie und Identität der Stadt verbindet. Oben auf dem Gipfel stehend und mit Blick auf die Burg, die Türme und die Straßen unter ihnen, finden Besucher oft einen Moment der Stille und des Weitblicks. Es erinnert daran, dass Edinburgh nicht nur eine Stadt der Kultur und Architektur ist, sondern auch eine Stadt, die tief mit der Natur verbunden ist.

Abschluss:

Arthur's Seat und Holyrood Park bieten eines der umfassendsten Erlebnisse Edinburghs und vereinen Geschichte, Geologie und atemberaubende Ausblicke an einem bemerkenswerten Ort. Der zugängliche und kostenlose Eintritt ist der Ort, an dem Einheimische dem Stadtleben entfliehen und Besucher einen Eindruck von der Größe und Schönheit der Stadt bekommen. Ob Sie an den Seen verweilen, zu den Ruinen der Kapelle klettern oder die gesamte Wanderung zum Gipfel unternehmen, der Park offenbart jedes Mal etwas Neues. Er ist nicht nur eine Attraktion, sondern auch ein lebendiger Ort, der den Geist der schottischen Hauptstadt verkörpert.

4.4 Das Nationalmuseum von Schottland

Das National Museum of Scotland ist einer der faszinierendsten Orte der Stadt – eine wahre Schatzkammer der Geschichte, Kunst, Wissenschaft, Kultur und Natur unter einem Dach. Es ist nicht nur ein Museum, sondern ein sich ständig weiterentwickelnder Ort, der Geschichten aus Schottlands Vergangenheit erzählt und sie mit der Welt verbindet. Besuchern – ob Familien, Alleinreisenden oder Gruppen – bietet es stundenlanges Entdecken und Staunen. Das Museum ist riesig, mit mehreren Galerien in verschiedenen Bereichen, und jede Etage präsentiert ein anderes Thema. Es ist eine Attraktion, die einen ganzen Tag in Anspruch nehmen kann und dennoch Lust auf einen erneuten Besuch macht.

Beschreibung:

Das Museum beherbergt über 20.000 Objekte, darunter Ausstellungsstücke, die von prähistorischen Fossilien bis zu altägyptischen Mumien, von dekorativer Kunst bis zu Wunderwerken der Ingenieurskunst und von Naturgeschichte bis zu Mode reichen. Die Galerien sind in Bereiche wie Schottische Geschichte und Archäologie, Weltkulturen, Natur, Kunst, Design und Mode sowie Wissenschaft und Technologie unterteilt. Das Gebäude selbst ist eine Attraktion: Es vereint die Grand Gallery aus der viktorianischen Zeit mit einem modernen Anbau, der 1998 eröffnet wurde, und schafft so eine Mischung aus Tradition und Innovation. Das hohe Glasdach der Grand Gallery durchflutet den Raum mit Licht und macht ihn zu einem beliebten Ausgangspunkt für Besucher. Von Dolly, dem Schaf – dem ersten geklonten Säugetier – bis zu Lewis-Schachfiguren und mittelalterlichen Waffen – die Ausstellungen des Museums bieten eine Balance zwischen ikonischen Stücken und unerwarteten Kuriositäten. Interaktive Exponate machen das Museum für Kinder interessant, während ruhige Ecken der historischen Bereiche Erwachsenen die Möglichkeit zum Innehalten und Nachdenken geben.

Standort:

Das Museum liegt zentral in der Chambers Street, nur einen kurzen Spaziergang von der Royal Mile entfernt. Von Edinburgh Castle aus sind es etwa 10 Minuten bergab über die George IV Bridge. Der Bahnhof Waverley, der wichtigste Eisenbahnknotenpunkt der Stadt, ist nur 15 Gehminuten entfernt, sodass das Museum von überall in der Stadt leicht zu erreichen ist. Mehrere Buslinien halten in der Nähe an der South Bridge und der Nicolson Street, und die Gegend ist fußgängerfreundlich. Holyrood Park und die Royal Mile sind ebenfalls zu Fuß erreichbar, sodass ein Besuch mit anderen Attraktionen am selben Tag kombiniert werden kann.

Öffnungszeiten:

Das Museum ist täglich von 10:00 bis 17:00 Uhr geöffnet. Letzter Einlass ist in der Regel 30 Minuten vor Schließung. Während der geschäftigen Festivalsaison im August oder bei Sonderausstellungen werden manchmal verlängerte Öffnungszeiten angeboten. Es lohnt sich, sich im Voraus zu erkundigen, wenn Sie einen Besuch während einer Sonderveranstaltung planen.

Webseite:

www.nms.ac.uk – Auf der offiziellen Website finden Sie aktuelle Informationen zu Ausstellungen, Familienveranstaltungen und Führungen. Außerdem können Sie hier Tickets für Sonderausstellungen vorbestellen.

Preis:

Der allgemeine Eintritt ins Museum ist frei, was es zu einer der zugänglichsten Hauptattraktionen in Edinburgh macht. Für einige temporäre Ausstellungen oder Sonderveranstaltungen ist jedoch ein kostenpflichtiges Ticket erforderlich. Die Preise variieren je nach Thema und Umfang der Ausstellung. Für Familien ist es oft eine erschwingliche Möglichkeit, den Tag zu verbringen, da der Eintritt in die Hauptgalerien kostenlos ist.

Hauptmerkmale:

- Die Große Galerie: Allein dieser Raum, bekannt als „Kathedrale des Lichts", macht den Besuch unvergesslich.
- Dolly das Schaf: Konserviert und ausgestellt ist sie nach wie vor eines der berühmtesten Ausstellungsstücke des Museums.
- Die Millennium-Uhr: Ein bemerkenswertes Stück moderner Kunst, dessen bewegliche Figuren und eindringliches Design die Massen in ihren Bann ziehen, wenn sie läutet.
- Sammlung Weltkulturen: Enthält Artefakte aus Afrika, Asien, Amerika und Ozeanien und verleiht der Erzählung des Museums einen globalen Kontext.
- Dachterrasse: Bietet einen der besten kostenlosen Panoramablicke auf Edinburgh, einschließlich Arthur's Seat, der Burg und der Skyline der Altstadt.
- Interaktive Wissenschafts- und Technologiegalerien: Besonders spannend für Familien, mit praktischen Experimenten und realen Anwendungen.

Besucherservice:

Das Museum bietet seinen Besuchern zahlreiche Annehmlichkeiten. In den Cafés vor Ort werden leichte Mahlzeiten, Kaffee und Gebäck angeboten, sodass man hier bequem den ganzen Tag verbringen kann. Ein gut sortierter Geschenkeladen verkauft Bücher, Souvenirs und Produkte mit schottischem Thema. Im gesamten Museum ist kostenloses WLAN verfügbar, sodass Besucher auf digitale Führer zugreifen oder ihre Erlebnisse in Echtzeit teilen können. Das Museum ist rollstuhlgerecht und verfügt über Aufzüge zu allen Stockwerken sowie stufenlose Eingänge. Wickelräume, Schließfächer und Garderoben sind ebenfalls vorhanden. Für diejenigen, die tiefer eintauchen möchten, werden oft kostenlose Tagesführungen organisiert, und herunterladbare Audioguides in mehreren Sprachen sind über die Website oder vor Ort verfügbar. In Stoßzeiten sind im gesamten Museum Besucherassistenten zu finden, die bereit sind, Fragen zu beantworten und Gäste zu den verschiedenen Galerien zu führen.

Das Museum bietet das ganze Jahr über familienfreundliche Programme und Aktivitäten an, insbesondere während der Schulferien und zu Festen. Kinder können an Workshops, Geschichtenerzählstunden oder Bastelerlebnissen teilnehmen. Forscher oder Personen mit besonderen akademischen Interessen können nach Vereinbarung die Forschungsbibliothek des Museums nutzen.

Abschluss:

Das National Museum of Scotland ist sowohl ein Tor zum schottischen Erbe als auch eine Brücke zur Weltkultur. Der freie Eintritt, die zentrale Lage und die vielfältigen Sammlungen machen es zu einem Muss für jeden Edinburgh-Besucher. Ob Sie Schottlands Reise durch die Zeit nachvollziehen, alte Zivilisationen bestaunen oder moderne Erfindungen aus nächster Nähe betrachten möchten – dieses Museum bietet für jedes Interesse etwas. Es ist mehr als eine Attraktion, es ist ein Ort der Verbindung und Entdeckung, an dem Geschichte, Kunst und Wissenschaft an einem der dynamischsten Orte der Stadt aufeinandertreffen. Für Reisende bietet es sowohl Bildung als auch Inspiration und hinterlässt einen bleibenden Eindruck, lange nachdem sie die Chambers Street verlassen haben.

4.5 Calton Hill und die Skyline der Stadt

Calton Hill erhebt sich über dem östlichen Ende der Princes Street und bietet einen der schönsten Ausblicke auf die Skyline von Edinburgh. Er ist nicht nur ein malerischer Aussichtspunkt, sondern ein Ort, der tief mit der Identität der Stadt verbunden ist, voller Denkmäler, Geschichte und Versammlungsorte, die sowohl lokales Erbe als auch globale Verbindungen widerspiegeln. Für viele Besucher bietet der Aufstieg auf den

Gipfel die perfekte Balance zwischen Naturlandschaft und kulturellen Sehenswürdigkeiten. Das Erlebnis besteht weniger darin, Attraktionen zu erkunden, sondern vielmehr darin, an der frischen Luft zu verweilen, den Rhythmus der Stadt unter sich aufzunehmen und gleichzeitig von steinernen Erinnerungen an Edinburghs Vergangenheit umgeben zu sein.

Beschreibung

Der Hügel ist übersät mit markanten Monumenten, die ihm den Spitznamen „Edinburghs Athen" eingebracht haben. Das National Monument, inspiriert vom Parthenon in Griechenland, ist sein bekanntestes Merkmal, obwohl es unvollendet blieb, was seinen Charakter noch verstärkt. Das Nelson Monument, geformt wie ein umgedrehtes Teleskop, erinnert an Admiral Nelsons Sieg bei Trafalgar und ermöglicht Besuchern, die Innentreppe hinaufzusteigen, um einen noch besseren Blick über die Stadt und darüber hinaus bis zum Firth of Forth zu genießen. Das Dugald Stewart Monument, ein Denkmal im klassischen Stil, das man oft auf Postkarten sieht, umrahmt die Skyline wunderschön, besonders bei Sonnenuntergang. Auf dem Calton Hill befindet sich auch das City Observatory, das vor Kurzem in einen zeitgenössischen Kunstraum namens Collective umgewandelt wurde, der Edinburghs wissenschaftliche und künstlerische Traditionen vereint. Zusammen machen diese Wahrzeichen den Hügel zu einem kulturellen und visuellen Mittelpunkt.

Standort:

Calton Hill liegt am östlichen Ende der Princes Street, nur einen kurzen Spaziergang vom Bahnhof Waverley und dem Stadtzentrum entfernt. Der Zugang ist unkompliziert: Ein sanft ansteigender Weg führt von der Regent Road hinauf zum Gipfel und ist somit für die meisten Besucher zugänglich. Wer den Holyrood Palace oder das schottische Parlament erkunden möchte, erreicht den Hügel in zehn Gehminuten und hat so eine natürliche Anbindung an andere wichtige Sehenswürdigkeiten. Ein spezielles Transportmittel ist nicht erforderlich, und da der Hügel direkt in der Stadt liegt, ist er auch bei einem Kurzbesuch in Edinburgh ein bequemer Zwischenstopp.

Öffnungszeiten

Calton Hill selbst ist rund um die Uhr geöffnet und somit ein idealer Ort für Sonnenauf- und -untergänge. Das Nelson Monument und die Collective Gallery haben feste Öffnungszeiten, in der Regel von morgens bis spätnachmittags, mit saisonalen Anpassungen. Es wird empfohlen, vor einem Besuch die Websites der jeweiligen Museen zu besuchen.

Webseite

- Nelson Monument und Collective Gallery: www.edinburghmuseums.org.uk
- Kollektiv: www.collective-edinburgh.art

Preis

Der Zugang zum Calton Hill ist kostenlos, was ihn zu einer der preisgünstigsten Attraktionen der Stadt macht. Für den Eintritt zum Nelson Monument und den Ausstellungen im Collective fallen möglicherweise geringe Gebühren an. Je nach Programm oder Veranstaltung ist der Eintritt manchmal jedoch kostenlos.

Hauptmerkmale

- Das Nationaldenkmal: eine dramatische und unvollendete Hommage an die schottischen Soldaten und Matrosen der Napoleonischen Kriege.
- Nelson Monument: bietet eine der besten Luftperspektiven auf Edinburgh, und seine historische Zeitkugel fällt noch immer täglich um 13:00 Uhr.
- Dugald Stewart Monument: einer der meistfotografierten Orte der Stadt, der Edinburgh Castle und die Altstadt in der Ferne einrahmt.
- City Observatory and Collective: verbindet historische Observatoriumsarchitektur mit modernen Kunstausstellungen.
- Panoramablick: Von oben kann man Edinburgh Castle, Arthur's Seat, die Royal Mile, den Firth of Forth und an klaren Tagen sogar die fernen Highlands sehen.

Besucherservice

Während Calton Hill größtenteils eine offene Parklandschaft ohne umfangreiche Einrichtungen ist, bietet die Collective Gallery während der Öffnungszeiten ein Café und Toiletten. Bänke und Rasenflächen laden zum Ausruhen und Picknicken ein. Es gibt Spazierwege, die sich für gemütliche Spaziergänge eignen. Bei nassem Wetter wird jedoch festes Schuhwerk empfohlen, da einige Wege rutschig sein können. Informationstafeln in der Nähe wichtiger Monumente geben Einblick in deren Hintergrund und Bedeutung. Gelegentlich werden Führungen durch das Nelson Monument angeboten, die den Besuch noch intensiver gestalten.

Abschluss

Calton Hill schlägt eine Brücke zwischen Edinburghs Geschichte und Gegenwart, zwischen seiner natürlichen Schönheit und seinem kulturellen Anspruch. Es ist ein Ort, an dem Besucher in Ruhe über die Stadt blicken oder Denkmäler bewundern können, die Geschichten aus Krieg, Philosophie, Wissenschaft und Kunst erzählen. Im Gegensatz zu überfüllten Attraktionen lädt er zu einem gemächlicheren Tempo ein und bietet sowohl Einsamkeit als auch Verbundenheit. Ob Sie ihn wegen seiner ikonischen Aussicht bei Sonnenuntergang, für einen ruhigen Spaziergang am frühen Morgen oder wegen der in seinen Denkmälern verborgenen Kunst und Geschichte besuchen – Calton Hill vermittelt ein umfassendes Gefühl für Edinburghs Charakter auf kompaktem, zugänglichem Raum. Kein Wunder, dass Einheimische und Reisende gleichermaßen immer wieder auf den Gipfel zurückkehren und bei jedem Blick auf die Skyline der Stadt eine neue Perspektive entdecken.

4.6 Versteckte Ecken, die von Einheimischen geliebt werden

Während Edinburghs wichtigste Sehenswürdigkeiten die meisten Besucher anziehen, gibt es in der Stadt auch viele ruhigere Ecken und versteckte Winkel, die die Einheimischen schätzen. Diese Orte bieten eine andere Perspektive auf die Stadt und zeigen das tägliche Leben, die intime Architektur und kleine kulturelle Momente, die man leicht verpasst, wenn man sich nur an die Haupttouristenrouten hält. Die Erkundung dieser Gebiete vermittelt Reisenden einen Eindruck davon, wie Edinburgh als lebendige Stadt funktioniert und nicht nur als Ansammlung von Sehenswürdigkeiten. Viele dieser Ecken liegen versteckt hinter belebten Straßen, in engen Gassen oder an weniger befahrenen Wegen und bieten oft Schatten, ruhige Sitzgelegenheiten und eine Pause vom Trubel der Festivalsaison.

Beschreibung
Unter diesen versteckten Orten sticht Dean Village hervor. Es liegt am Water of Leith, nur einen kurzen Spaziergang vom Stadtzentrum entfernt, fühlt sich aber völlig abseits

der geschäftigen Straßen an. Seine gepflasterten Straßen, restaurierten Mühlengebäude und ruhigen Uferwege vermitteln ein Gefühl der Ruhe, und Bänke und Aussichtspunkte spiegeln das Wasser wider. Die Einheimischen nutzen das Gebiet noch immer für morgendliche Spaziergänge und gemütliche Radtouren, was Besuchern ein authentisches Gefühl des Gemeinschaftslebens vermittelt. Ein weiterer beliebter Ort ist die Gegend um Stockbridge, ein Viertel nördlich der Princes Street. Seine kleinen Läden, Cafés und offenen Marktplätze bieten Gelegenheit, die Wohn- und Kunsthandwerksseite Edinburghs kennenzulernen. Circus Lane in Stockbridge ist besonders bekannt für seine bunten Türen und dicht gedrängten Cottages, eine visuelle Erinnerung an die Wohnplanung der Stadt im 19. Jahrhundert.

Auch die über die ganze Stadt verstreuten kleinen Gärten und Parks zählen zu den beliebtesten Attraktionen der Einheimischen. Der Queen's Park und der Royal Botanic Garden liegen nicht weit vom Zentrum entfernt, sind aber oft ruhiger als das Schloss oder die Royal Mile. Besucher können kurze Spaziergänge genießen, einheimische Pflanzenarten bewundern oder einfach nur sitzen und den Einheimischen beim Gassigehen mit ihren Hunden oder beim Lesen im Freien zusehen. Eine weitere versteckte Ecke ist die Southside, insbesondere die Umgebung der Meadows, einer großen Grünfläche, wo sich Studenten, Familien und Anwohner zum Sport, Picknicken und zu informellen Veranstaltungen treffen. Am Rande der Meadows liegen kleinere Gassen und Straßen mit unabhängigen Cafés, Buchhandlungen und Kunsthandwerksläden, die ein Umfeld schaffen, das eher reich an Alltagsleben als an kuratierten Touristenerlebnissen ist.

Standort:

Dean Village ist über die Queensferry Road und einen kurzen Spaziergang entlang des Water of Leith-Gehwegs erreichbar. Öffentliche Busse fahren in der Nähe, am praktischsten ist es jedoch, vom Stadtzentrum aus zu Fuß dorthin zu gelangen. Stockbridge ist etwa 15 Gehminuten von der Princes Street oder eine kurze Busfahrt vom Bahnhof Waverley entfernt. The Meadows liegen im Süden, etwa 10 Gehminuten vom George Square oder dem Campus der Universität Edinburgh entfernt, mit mehreren Bushaltestellen in der Umgebung. Die meisten versteckten Winkel erreicht man am besten zu Fuß, sodass Besucher kleine Details wie Gassen, historische Gedenktafeln und versteckte Skulpturen entdecken können.

Öffnungszeiten

Die genannten Außenbereiche und Straßen sind jederzeit geöffnet, aus Sicherheits- und Sichtgründen wird jedoch empfohlen, die Öffnungszeiten bei Tageslicht einzuhalten. Einige Cafés, Geschäfte und Gärten haben ihre eigenen Öffnungszeiten: Sie öffnen in der Regel morgens und schließen am frühen Abend. Der Royal Botanic Garden ist etwa von 10:00 bis 17:00 Uhr geöffnet, mit saisonalen Schwankungen. Die Geschäfte und der Markt von Stockbridge sind in der Regel zwischen 10:00 und 16:00 Uhr geöffnet.

Webseite
Für die Gehwege Dean Village und Water of Leith: www.waterofleith.org.uk
Für den Royal Botanic Garden: www.rbge.org.uk

Preis
Das Erkunden von Straßen, Gassen und Parks ist kostenlos. Der Eintritt in den Royal Botanic Garden ist ebenfalls kostenlos. Für einige Sonderausstellungen oder Gewächshäuser kann jedoch eine geringe Gebühr erhoben werden, die in der Regel unter 10 £ liegt.

Hauptmerkmale

- Dean Village: Kopfsteinpflasterstraßen, Uferwege, restaurierte Mühlengebäude und ruhige Bänke.
- Stockbridge: unabhängige Geschäfte, Cafés, ein lokaler Markt und farbenfrohe Wohnstraßen aus dem 19. Jahrhundert.
- Circus Lane: kleine, gepflegte Häuschen mit optischem Charme.
- The Meadows: offene Grünfläche für Sport, Spaziergänge und Gemeindeversammlungen.
- Queen's Park und Royal Botanic Garden: ruhigere Grünflächen mit einheimischer Flora und gepflegten Gartenbereichen.
- Water of Leith Walkway: ein Wander- und Radweg, der die Stadt mit mehreren weniger bekannten Vierteln verbindet.

Besucherservice
Die meisten dieser versteckten Ecken befinden sich im Freien und bieten nur minimale Besucherservices. Öffentliche Sitzgelegenheiten, Bänke und Wege sind jedoch weit verbreitet. Cafés und kleine Geschäfte in Gegenden wie Stockbridge und Southside bieten Erfrischungen und Toiletten. Der Water of Leith-Gehweg ist an verschiedenen Stellen beschildert, mit Karten versehen und bietet Zugangspunkte. Der Royal Botanic Garden bietet ein kleines Café, einen Souvenirladen und Toiletten. Die Zugänglichkeit variiert; Kopfsteinpflasterstraßen und enge Gassen können für Menschen mit eingeschränkter Mobilität eine Herausforderung darstellen, die Hauptwege sind jedoch im Allgemeinen gut begehbar.

Abschluss
Edinburghs versteckte Winkel offenbaren eine ruhigere, belebtere Seite der Stadt und bieten neben den geschäftigen Touristenattraktionen intime, authentische Erlebnisse. Dean Village, Stockbridge, The Meadows und andere versteckte Orte ermöglichen es Besuchern, zu beobachten, wie die Einheimischen mit ihrer Umgebung interagieren – vom morgendlichen Spaziergang mit dem Hund bis zum Bummel über den Wochenendmarkt. Diese Orte sind nicht nur malerisch, sondern bieten auch Einblicke

in Edinburghs Rhythmus, Architektur und Gemeinschaftsleben. Ein Aufenthalt in diesen Gegenden bereichert einen Besuch, bietet einen Einblick in die historischen Straßen der Stadt und einen ruhigen, besinnlichen Kontrast zu den Festivals und Touristenaktivitäten anderswo. Sie sind unverzichtbar für jeden, der Edinburgh jenseits der Hauptattraktionen verstehen möchte.

Kapitel 5 – Das Royal Edinburgh Military Tattoo: Geschichte und Bedeutung

5.1 Ursprünge und frühe Traditionen

Eine schottische Feier entsteht

Das Royal Edinburgh Military Tattoo wurde 1950 ins Leben gerufen, um Schottlands militärisches Flair der Bevölkerung und der Welt zu präsentieren. Seine Ursprünge liegen in der militärischen Tradition der „Tattoo"-Signale – der Aufforderung an die Soldaten, am Ende des Tages in ihre Kasernen zurückzukehren, begleitet von Trommeln und Dudelsäcken. Im Laufe der Zeit entwickelten sich diese einfachen Signale zu Darbietungen, die Disziplin, Präzision und Musik demonstrierten. Das erste moderne Tattoo brachte Regimenter aus ganz Schottland zusammen und verwandelte die einst praktische Militärroutine in ein öffentliches Spektakel. Von Anfang an sollte die Veranstaltung nicht nur militärisches Können, sondern auch Nationalstolz hervorheben und das Publikum durch Zeremonien, Uniformen und Musik mit der Geschichte Schottlands verbinden.

Von der Kaserne zur Schlosspromenade

Die ersten Jahre des Tattoo waren bescheiden. Es fand auf der Esplanade von Edinburgh Castle vor einem kleinen, aber begeisterten Publikum statt. Dieser Ort war symbolträchtig und verband das mittelalterliche Erbe der Stadt mit lebendiger Militärtradition. Das Publikum erlebte Dudelsackspieler, Trommler und marschierende Truppen auf einer Bühne, die von den Steinmauern des Schlosses eingerahmt wurde. Die Kombination aus Musik, zeremonieller Darbietung und der Schlosskulisse erzeugte eine visuelle und emotionale Wirkung, die das Tattoo sofort von anderen Aufführungen unterschied. Schon in seinem ersten Jahrzehnt erregte die Veranstaltung internationale Aufmerksamkeit und lockte Besucher an, die neugierig auf Schottlands militärische und kulturelle Identität waren.

Eine Tradition der Musik und Präzision

Von Anfang an stand beim Tattoo die Musik ebenso im Vordergrund wie die Bewegung. Dudelsäcke, Trommeln und Blaskapellen bildeten das Rückgrat der Darbietungen, demonstrierten das Können der Militärmusiker und erzeugten einen Rhythmus, den das Publikum bis in die Brust spüren konnte. Die Drill-Routinen wurden sorgfältig choreografiert und zeugten von Präzision und Kunstfertigkeit. Diese Elemente wurden schnell zu Markenzeichen der Veranstaltung und inspirierten die Künstler zu immer komplexeren Abläufen. Das Publikum war nicht nur Beobachter; Klang, Timing und Spektakel machten es zu Teilnehmern einer jahrhundertealten Tradition, die für die Moderne neu interpretiert wurde.

Internationaler Einfluss und frühe Expansion

Schon in den Anfangsjahren schlossen sich beim Tattoo auch Truppen von außerhalb Schottlands an, und damit etablierte sich ein Muster, das bis heute anhält. Alliierte Militärkapellen aus Europa, Nordamerika und dem Commonwealth wurden eingeladen, aufzutreten und so einen Dialog zwischen schottischen Traditionen und internationaler Militärkultur zu schaffen. Dieser Austausch stärkte den Ruf des Tattoos und machte es zu einer Plattform für Kulturdiplomatie und gemeinsames zeremonielles Erbe. Das einheimische Publikum konnte seine Traditionen in anderen Kontexten wiedererkennen, während ausländische Teilnehmer schottische Musik, Drill und Prunk kennenlernten.

Ehrung des Erbes durch Zeremonie

Zeremoniell stand schon immer im Mittelpunkt des Tattoos. Salutschüsse, Banner und traditionelle Kleidung verbinden moderne Darbietungen mit historischen

Militärpraktiken. Die frühen Organisatoren legten großen Wert auf Authentizität und stellten sicher, dass Uniformen, Formationen und musikalische Arrangements ihren historischen Ursprüngen entsprachen. Diese Liebe zum Detail findet beim Publikum bis heute großen Anklang und bietet ein lehrreiches und emotionales Erlebnis. Besucher gehen nicht nur unterhalten, sondern gewinnen auch ein Gefühl für Schottlands anhaltende militärische Identität und die sorgfältige Bewahrung seiner Prachtentfaltung.

Gemeinschaft und Vermächtnis in den frühen Jahren

Von Anfang an waren nicht nur Soldaten am Tattoo beteiligt. Freiwillige aus der Region, Organisatoren und führende Persönlichkeiten der Gemeinde trugen zur Gestaltung der Aufführungen bei und schufen so ein Gefühl gemeinschaftlicher Verbundenheit. Schulen, Chöre und Jugendensembles wurden eingeladen, mitzumachen, um Generationen zu verbinden und das öffentliche Engagement zu fördern. Frühe Zuschauer erinnern sich oft an die Begeisterung, die sie beim Trommeln auf den Burgmauern verspürten oder die präzisen Bewegungen der jungen Kadetten sahen – Erlebnisse, die zu wertvollen Erinnerungen wurden. Der Erfolg dieser frühen Aufführungen legte den Grundstein für die Langlebigkeit des Tattoos und bewies, dass ein militärisches Spektakel auch eine kulturelle Institution sein kann.

Abschluss

Die Ursprünge und frühen Traditionen des Royal Edinburgh Military Tattoo spiegeln eine sorgfältige Balance zwischen Geschichte, Musik und öffentlichem Engagement wider. Was als praktisches Signal für Soldaten begann, entwickelte sich zu einer weltbekannten Demonstration von Präzision, Zeremonie und schottischer Identität. Die frühen Aufführungen auf Edinburgh Castle etablierten ein Konzept, das Spektakel mit Tradition, internationaler Zusammenarbeit und gesellschaftlichem Engagement verbindet. Das Verständnis dieser Entstehungsgeschichte ermöglicht es Reisenden und Zuschauern, das Tattoo nicht nur als Unterhaltung zu schätzen, sondern als lebendige Tradition, die Edinburghs Kulturlandschaft bis heute prägt und mit jedem Trommelschlag und Marsch Vergangenheit und Gegenwart verbindet.

5.2 Edinburgh Castle als Bühne

Eine historische Festung wird zur Aufführungsarena

Edinburgh Castle ist mehr als nur ein Wahrzeichen; es ist die Bühne des Royal Edinburgh Military Tattoo. Hoch oben auf dem Castle Rock dominiert die Festung die Skyline und bietet eine dramatische Kulisse für die Aufführungen. Ihre natürliche Erhebung vermittelt ein Gefühl von Erhabenheit und verleiht dem Tattoo eine unmittelbare visuelle Wirkung, die keine künstliche Bühne erreichen könnte. Die Esplanade, ein weitläufiger Platz vor dem Schloss, dient sowohl als Aufführungsfläche als auch als Zuschauerbereich und bietet Platz für Tausende von Zuschauern bei gleichzeitig freier Sicht. Diese strategische Nutzung der Geografie des Schlosses ist zu einem zentralen Bestandteil der Identität des Tattoo geworden und verbindet die Aufführungen mit Schottlands historischem und symbolischem Herzen.

Die Umwandlung eines Militärgeländes in ein Spektakel

Die Esplanade der Burg war ursprünglich für Verteidigungsmanöver und militärische Übungen konzipiert. Für das Tattoo wurde dieser Raum mit temporären Sitzgelegenheiten, Licht- und Soundanlagen adaptiert, die einen funktionalen Militärbereich in eine theatralische Umgebung verwandeln. Trotz dieser modernen Ergänzungen bleibt die Einrichtung dezent genug, um die historische Integrität der Festung zu bewahren. Die Kombination aus Musik, Marschieren und zeremoniellen Formationen vor Steinmauern und Zinnen verstärkt den prunkvollen Eindruck. Die Künstler müssen zudem die unebenen Oberflächen und Höhenunterschiede der Esplanade berücksichtigen und ihre Darbietungen sowohl optisch beeindruckend als auch physisch präzise gestalten.

Ansichten, die jede Leistung verbessern

Ein einzigartiger Beitrag von Edinburgh Castle zum Tattoo ist der Panoramablick, den es Künstlern und Publikum bietet. Von der Esplanade aus können die Zuschauer die unter ihnen ausgebreitete Stadt überblicken, einschließlich der Royal Mile, des Holyrood Parks und des Firth of Forth. Dieser Kontext verortet jede Aufführung in einer lebendigen Stadt und verstärkt die Verbindung zwischen der Zeremonie und Edinburgh selbst. Die Künstler werden nicht nur von den Burgmauern, sondern auch von der dahinterliegenden Stadt eingerahmt, was jeder Sequenz eine filmische Qualität verleiht. Viele Fotografen und Videofilmer haben festgestellt, dass das natürliche Licht in Verbindung mit der historischen Architektur das Tattoo zu einem der visuell beeindruckendsten Ereignisse der Welt macht.

Logistische Herausforderungen und Anpassungen

Die Nutzung von Edinburgh Castle als Bühne stellt besondere Herausforderungen dar. Der Zugang zur Esplanade muss sorgfältig geregelt werden, um die Sicherheit der Künstler zu gewährleisten, und temporäre Bauten für Sitzplätze und Technik dürfen die historische Bausubstanz der Festung nicht beeinträchtigen. Die Höhe und das unebene Gelände der Burg erfordern eine präzise Planung von Tonverstärkung, Beleuchtung und Zeitplanung. Die Crews müssen zudem mit dem schottischen Wetter rechnen, das Wind, Regen oder Nebel mit sich bringen kann und sowohl Künstler als auch technische Ausrüstung beeinträchtigt. Über Jahrzehnte hinweg haben die Organisatoren des Tattoo Systeme entwickelt, um diese Probleme zu mildern, wie z. B. einziehbare Markisen, sichere Takelage für Lichtmasten und speziell geschulte Crews, die schnell auf plötzliche Wetteränderungen reagieren können.

Historische Resonanz und Symbolik

Edinburgh Castle selbst birgt Jahrhunderte militärischer und ziviler Geschichte, und die Inszenierung des Tattoos hier verstärkt die Verbindung der Veranstaltung mit Schottlands Vergangenheit. Das Schloss war Zeuge von Schlachten, Belagerungen und Krönungen, und seine Präsenz erinnert das Publikum daran, dass die gezeigte

Militärmusik und Präzision Teil einer langen nationalen Tradition sind. Zeremonielle Elemente wie Salutschüsse, Banner und Dudelsackkapellen erhalten vor diesen historischen Mauern eine besondere Resonanz. Für die Zuschauer schafft die Kombination aus Live-Auftritt und architektonischem Erbe eine greifbare Verbindung zwischen Schottlands Geschichte und der zeitgenössischen Darstellung militärischer Kunst.

Engagement der Community und Besuchererlebnis

Die Aufführungen auf Edinburgh Castle bieten Besuchern mehr als nur ein Spektakel; sie vermitteln einen Kontext. Informationstafeln und Führungen durch das Schloss ergänzen das Tattoo und erklären die Bedeutung der Befestigungsanlagen, Zinnen und historischen Persönlichkeiten, die mit dem Ort in Verbindung stehen. Örtliche Schulen und Jugendensembles proben oft auf dem Schlossgelände und tragen so zum gesellschaftlichen Engagement bei. Selbst für wiederkehrende Besucher bieten das wechselnde Licht, das saisonale Wetter und die Aufführungssequenzen des Schlosses jedes Jahr eine neue Perspektive.

Abschluss

Edinburgh Castle ist mehr als nur eine Kulisse für das Royal Edinburgh Military Tattoo; es ist ein zentrales Element, das jeden Aspekt der Aufführung prägt. Seine erhöhte Lage, die historische Architektur und die weitläufige Esplanade schaffen eine Bühne, die sowohl optisch beeindruckend als auch logistisch anspruchsvoll ist. Durch die sorgfältige Abwägung zwischen Denkmalschutz und den Anforderungen einer Großveranstaltung ermöglicht das Schloss den Künstlern präzise, disziplinierte und visuell beeindruckende Darbietungen, die Schottlands Militärtradition ehren. Für das Publikum verwandelt das Schloss jeden Trommelschlag, Marsch und zeremoniellen Gruß in ein Erlebnis, das tief in der Geschichte der Stadt verwurzelt ist und dem Tattoo seine anhaltende Kraft und weltweite Anziehungskraft verleiht.

5.3 Die Dudelsäcke, Trommeln und Militärkapellen

Der Herzschlag des Tattoos

Das Herzstück des Royal Edinburgh Military Tattoo bilden Dudelsäcke, Trommeln und Militärkapellen, die dem Ereignis seinen unverwechselbaren Rhythmus und seine Energie verleihen. Diese musikalischen Elemente sind nicht nur Hintergrundbegleitung; sie prägen die Choreografie, signalisieren Übergänge und prägen die Atmosphäre für Künstler und Publikum gleichermaßen. Dudelsäcke mit ihrem unverwechselbaren Dröhnen und ihrer durchdringenden Melodie werden mit kleinen Trommeln und Blechblasinstrumenten kombiniert, um eine Klanglandschaft zu schaffen, die zugleich kraftvoll und zeremoniell ist. Die Musik unterstreicht jede Übung, jeden Marsch und jeden Gruß und verleiht dem, was sonst eine rein visuelle Darbietung wäre, Zusammenhalt und Intensität.

Pipe Bands: Tradition und Technik

Schottische Dudelsackkapellen sind ein zentraler Bestandteil der Identität des Tattoo. Jede Kapelle hält sich an strenge Standards hinsichtlich Formation, Stimmung und Repertoire und spiegelt so jahrhundertealtes militärisches und kulturelles Erbe wider. Die Instrumente selbst, vom Chanter bis zu den Bordunen, erfordern präzise Technik und Koordination. Bei Auftritten müssen die Dudelsackspieler ein gleichmäßiges Tempo einhalten und gleichzeitig komplexe Marschmuster ausführen, oft bei wechselnden Wetterbedingungen auf der Schlossesplanade. Der Klang der Dudelsäcke ist mehr als nur musikalisch; er hat auch symbolische Bedeutung und verbindet das moderne Publikum mit den schottischen Regimentern und ihren historischen Feldzügen. Viele Kapellen tragen zudem traditionelle Ornat, was ein optisches Element darstellt, das die Musik ergänzt und die Kontinuität mit Schottlands Militärgeschichte unterstreicht.

Schlagzeug: Präzision und Kraft

Trommeln sorgen für Rhythmus und Dramatik und prägen die Energie des Tattoos. Kleine Trommeln erzeugen schnelle, komplexe Muster, während Basstrommeln und Tenortrommeln dem Ensemble Tiefe und Resonanz verleihen. Die Trommellinien synchronisieren sich mit den Marschformationen und betonen Präzision und Timing. Für die Zuschauer schafft die Kombination aus Schlagkraft und Melodie ein multisensorisches Erlebnis, das körperlich spürbar ist. Jeder Schlag fesselt die Aufmerksamkeit, signalisiert einen Formationswechsel oder markiert einen zeremoniellen Moment. Trommelrhythmen werden oft monatelang im Voraus geübt, wobei die Lehrer sicherstellen, dass Tempo, Lautstärke und Koordination den hohen Ansprüchen auf der Burgbühne entsprechen.

Militärkapellen: Globaler Einfluss und Zusammenarbeit

Neben schottischen Dudelsack- und Trommeleinheiten nehmen auch Militärkapellen aus aller Welt am Tattoo teil und verleihen den Darbietungen Abwechslung und internationale Dimension. Blech- und Holzbläsergruppen, oft in unterschiedlichen Militärtraditionen ausgebildet, tragen neue Klangfarben und Arrangements zum Event bei. Die Zusammenarbeit zwischen diesen Kapellen und schottischen Einheiten erfordert präzise Koordination, insbesondere bei der Kombination unterschiedlicher Marschstile, Tempi und musikalischer Interpretationen. Diese Darbietungen demonstrieren nicht nur Können und Disziplin, sondern unterstreichen auch den kulturellen Austausch, betonen die globale Reichweite des Tattoo und stärken gleichzeitig Schottlands lokale Identität.

Training, Disziplin und Proben

Die Vorbereitung auf jedes Tattoo erfordert hartes Training. Die Bandmitglieder proben monatelang Musik, Formationen und Übergänge, oft unter der Anleitung erfahrener Lehrer mit jahrzehntelanger Erfahrung. Trommler und Dudelsackspieler trainieren Ausdauer, Durchhaltevermögen und Synchronisation, da die Auftritte über eine Stunde dauern und kontinuierliche körperliche und musikalische Präzision erfordern. Die Proben auf der Schlosspromenade simulieren die Herausforderungen eines Live-Auftritts, einschließlich Höhenunterschieden, unebenem Boden und Umweltbedingungen. Diese Übungen stellen sicher, dass sich bis zur Show jedes musikalische Element nahtlos in die visuelle Darstellung von Marschieren, Salutieren und koordinierten Formationen einfügt.

Das Publikumserlebnis

Die Wirkung der Dudelsäcke, Trommeln und Militärkapellen geht für die Besucher über reine Unterhaltung hinaus. Die Musik gibt das Tempo vor, signalisiert Übergänge und erzeugt emotionale Resonanz. Dudelsäcke können Stolz, Nostalgie oder Vorfreude wecken, während Trommelklänge Spannung, Dramatik und Entspannung erzeugen. Blechbläserfanfaren und koordinierte Märsche verstärken zeremonielle Momente und verstärken das Gefühl des Spektakels. Für viele Besucher sind diese Klänge der einprägsamste Aspekt des Tattoos und klingen noch lange nach der Aufführung nach. Familien, Militärbegeisterte und Erstbesucher reagieren gleichermaßen auf die Unmittelbarkeit, Intensität und historische Verbindung der Musik.

Abschluss

Dudelsack, Trommeln und Militärkapellen bilden das Rückgrat des Royal Edinburgh Military Tattoo. Sie vereinen technische Meisterschaft, körperliche Ausdauer und tief verwurzelte Tradition und prägen so den Rhythmus, die Stimmung und die zeremonielle Bedeutung der Aufführung. Ob durch den durchdringenden Klang der Dudelsäcke, die rollende Kraft der Trommeln oder die abwechslungsreichen Harmonien internationaler Militärensembles – die Musik begeistert das Publikum auf vielen Ebenen. Sie verkörpert die schottische Identität, würdigt das militärische Erbe und macht das Tattoo über eine visuelle Darbietung hinaus zu einem umfassenden, multisensorischen Erlebnis, das Einheimische und Besucher gleichermaßen begeistert.

5.4 Die Entwicklung der Themen im Laufe der Jahre

Eine Erzählung über Jahrzehnte hinweg gestalten

Seit seiner Einführung im Jahr 1950 hat das Royal Edinburgh Military Tattoo einen unverwechselbaren Ansatz für die thematische Programmgestaltung entwickelt. Jedes Jahr wählen die Organisatoren übergreifende Themen aus, die Musik, Drillformationen und Aufführungssequenzen bestimmen und so eine stimmige Geschichte für das Publikum schaffen. Frühe Ausgaben konzentrierten sich vor allem auf die schottische Militärgeschichte und Regimentstraditionen und präsentierten eine geradlinige Darstellung von Prunk und Disziplin. Im Laufe der Zeit haben sich diese Themen weiterentwickelt und umfassen nun auch breitere kulturelle, historische und sogar internationale Elemente. So behält das Tattoo seine Frische und gleichzeitig seine Kernidentität.

Historische Themen und militärisches Erbe

In den ersten Jahrzehnten lag der Fokus stark auf dem militärischen Erbe. Die Aufführungen stellten schottische Regimenter, historische Schlachten und zeremonielle Abläufe in den Mittelpunkt, die mit spezifischen Regimentstraditionen verbunden waren. Dudelsackmusik, Trommelklänge und traditionelle Uniformen standen im Mittelpunkt, wobei die Sequenzen oft historische Erzählungen widerspiegelten. Diese thematische Auswahl stärkte Schottlands militärische Identität und betonte den Stolz auf die lokalen Regimenter und ihre historische Bedeutung. Den Zuschauern boten diese Aufführungen Einblicke in die Vergangenheit des Landes und verknüpften das visuelle Spektakel mit dem pädagogischen und kulturellen Kontext.

Einbeziehung nationaler und bürgerlicher Identität

Mit zunehmender internationaler Bekanntheit des Tattoos wurden auch bürgerliche und nationale Elemente in die Themen integriert. Die Sequenzen sollten Schottland als Ganzes feiern und nationale Symbole wie Flaggen, Wappen und traditionelle schottische Musik integrieren. Diese Ergänzungen ermöglichten es den Organisatoren, Darbietungen zu gestalten, die sowohl das lokale Publikum als auch internationale Besucher ansprachen und die Rolle der Stadt als kulturelles Zentrum unterstrichen. Die Themen wurden erzählerischer und beleuchteten Geschichten von Widerstandsfähigkeit, nationalen Errungenschaften und Gemeinschaftsstolz. Die Kombination aus Musik, Marschieren und visueller Präsentation schuf ein umfassendes Erlebnis, das die sich entwickelnde Identität der Stadt widerspiegelte.

Globale und zeitgenössische Einflüsse

In den letzten Jahrzehnten hat das Tattoo zunehmend globale und zeitgenössische Perspektiven aufgegriffen. Internationale Gastkünstler werden in thematische Sequenzen integriert, deren Darbietungen darauf ausgerichtet sind, kulturelle Vielfalt hervorzuheben und gleichzeitig die schottische Tradition zu bewahren. Themen sind heute oft interkultureller Dialog, aktuelle Militärbündnisse oder historische Ereignisse von globaler Bedeutung. Dieser Ansatz ermöglicht es dem Publikum, sowohl die Besonderheit des schottischen Erbes als auch seine Verbindung zu größeren militärischen und kulturellen Netzwerken zu würdigen. Zeitgenössische Musikarrangements und moderne Bühnentechniken werden manchmal integriert, um das Publikum stärker einzubeziehen und gleichzeitig traditionelle Elemente zu wahren.

Saisonaler und festlicher Kontext

Die Themen werden auch von der Festivalsaison und dem breiteren Kontext des Augusts in Edinburgh geprägt. Da das Tattoo parallel zu anderen Großveranstaltungen wie dem Edinburgh International Festival und dem Fringe stattfindet, berücksichtigt die thematische Planung den gesamten Kulturkalender der Stadt. Durch koordiniertes Storytelling ergänzt das Tattoo andere Festivalprogramme, anstatt mit ihnen zu konkurrieren. So können beispielsweise Sequenzen auf historische oder literarische

Themen anderer Veranstaltungen verweisen und so subtile Verbindungen schaffen, die das Besuchererlebnis bereichern. Diese Integration stärkt die Position des Tattoo als Höhepunkt der Edinburgher Kultursaison.

Publikumsbeteiligung durch Thema

Die thematische Entwicklung beeinflusst direkt, wie das Publikum das Tattoo erlebt. Eingängige Themen leiten die Zuschauer durch die Aufführung und vermitteln ein Gefühl des narrativen Fortschritts, der Musik, Drill und Zeremonie verbindet. Jeder Aufführungsabschnitt ist so konzipiert, dass er über das visuelle Spektakel hinaus Bedeutung vermittelt – sei es die Darstellung eines historischen Moments, die Feier internationaler Zusammenarbeit oder die Betonung nationaler Identität. Klares thematisches Storytelling fördert das Engagement, macht die Veranstaltung unvergesslich und für Besucher aller Herkunft zugänglich und regt gleichzeitig zum wiederholten Besuch an, um zu sehen, wie sich die Themen im Laufe der Zeit verändern und weiterentwickeln.

Abschluss

Die thematische Entwicklung des Royal Edinburgh Military Tattoo spiegelt eine sorgfältige Balance zwischen Tradition, Innovation und globalem Bewusstsein wider. Von der frühen Fokussierung auf die schottische Militärgeschichte bis hin zur Integration von Bürgerstolz, internationaler Zusammenarbeit und zeitgenössischen Perspektiven sorgt die thematische Programmgestaltung dafür, dass jede Aufführung stimmig, bedeutungsvoll und mitreißend ist. Durch die Anpassung der Themen an wechselnde kulturelle Kontexte, Festivalzeiten und Publikumserwartungen behält das Tattoo seine Relevanz und bewahrt gleichzeitig sein Erbe. Das Verständnis dieser thematischen Entwicklungen ermöglicht es den Besuchern, nicht nur das visuelle und musikalische Spektakel zu genießen, sondern auch die erzählerische Tiefe und die bewusste Kunstfertigkeit, die das Tattoo zu einer weltweit anerkannten und beständigen Tradition gemacht haben.

Kapitel 6 – Das Tattoo im Jahr 2026 erleben

6.1 Ticketing: Wann und wie buchen

Ticketarten und -kategorien verstehen

Tickets für das Royal Edinburgh Military Tattoo werden in verschiedenen Kategorien angeboten, um unterschiedlichen Vorlieben und Budgets gerecht zu werden. Standardplätze bieten freie Sicht auf die Schlosspromenade und den Veranstaltungsbereich, während Premium-Tickets die Besucher näher ans Zentrum des Geschehens bringen, oft mit leicht erhöhten Sitzplätzen für ungehinderte Sicht. Für diejenigen, die zusätzlichen Komfort wünschen, sind Logenplätze und Hospitality-Pakete erhältlich, die Zugang zu privaten Lounges, Erfrischungen und exklusiven Zuschauerbereichen beinhalten. Familien, Gruppen und Einzelpersonen, die ihren Besuch planen, sollten die verfügbaren Ticketkategorien sorgfältig prüfen, um sicherzustellen, dass die gewählte Option sowohl ihren Sehgewohnheiten als auch ihrem Budget entspricht.

Buchungsfenster und -zeiten

Tickets für das Tattoo 2026 werden lange im Voraus verkauft, in der Regel im Herbst des Vorjahres. Eine frühzeitige Buchung wird empfohlen, da die Vorstellungen schnell ausverkauft sind, insbesondere an Wochenendabenden und in Premium-Sitzplätzen. Die Veranstalter verfolgen einen gestaffelten Verkaufsplan und bieten Vorverkaufsfenster für treue Besucher, Mitglieder angeschlossener Militärorganisationen und bestimmte Hospitality-Pakete an. Der allgemeine Verkauf erfolgt nach diesen ersten Veröffentlichungen. Besucher, die während der Festivalsaison eine Reise nach Edinburgh planen, sollten den Ticketkauf mit der Organisation von Unterkunft und Transport koordinieren, da die Stadt im August, zeitgleich mit anderen Festivalveranstaltungen, eine hohe Nachfrage verzeichnet.

Autorisierte Verkäufer und Betrugsvermeidung

Tickets sind über offizielle Kanäle erhältlich, darunter die offizielle Website des Tattoos und autorisierte Vorverkaufsstellen. Käufer sollten Weiterverkäufer oder inoffizielle Plattformen meiden, da Tickets, die außerhalb offizieller Quellen erworben wurden, ungültig oder überteuert sein können. Die offizielle Website bietet detaillierte Informationen zu Ticketarten, Preisen, Sitzplänen und Verkaufsbedingungen. Darüber hinaus können potenzielle Besucher über E-Mail-Benachrichtigungen und Abonnements über Erscheinungstermine, Sonderangebote oder Änderungen im Spielplan informiert werden. Der Kauf von Tickets über autorisierte Kanäle schützt sowohl die Investition als auch das Gesamterlebnis und gibt Reisenden ein beruhigendes Gefühl.

Buchungstipps für internationale Besucher

Internationale Reisende sollten bei der Ticketbuchung verschiedene Faktoren berücksichtigen. Zeitzonenunterschiede und Online-Ticketfenster können die Verfügbarkeit beeinträchtigen, daher ist eine frühzeitige Planung unerlässlich. Reisende sollten auch mögliche Reiseverzögerungen, einschließlich Flugplänen und lokaler Transportmöglichkeiten, berücksichtigen, um sicherzustellen, dass sie rechtzeitig vor Beginn der Vorstellung ankommen. Viele Besucher kombinieren Tattoo-Tickets mit anderen Festivalveranstaltungen oder Stadtrundfahrten, sodass eine zeitliche Abstimmung das Edinburgh-Erlebnis insgesamt verbessern kann. Online-Ticketplattformen ermöglichen in der Regel den Ausdruck von Tickets zu Hause oder per Handy, wodurch die Notwendigkeit einer Abholung vor Ort reduziert wird, was besonders praktisch für Reisende ist, die sich in der Stadt nicht auskennen.

Stornierungs-, Umtausch- und Rückerstattungsrichtlinien

Das Tattoo hat klare Richtlinien zu Stornierungen, Umtausch und Rückerstattungen. Tickets sind grundsätzlich nicht erstattungsfähig, außer bei Absage oder Verschiebung der Veranstaltung. Ein Umtausch zwischen verschiedenen Aufführungsterminen ist innerhalb bestimmter Zeiträume je nach Verfügbarkeit möglich. Es ist wichtig, dass

Besucher diese Richtlinien vor dem Kauf lesen, insbesondere für internationale Reisende, deren Pläne durch Wetter-, Transport- oder Terminkonflikte beeinträchtigt werden können. Das Verständnis der Bedingungen schützt Besucher vor möglichen Enttäuschungen und sorgt für einen reibungslosen Ticketkauf.

Abschluss

Die Sicherung von Tickets für das Royal Edinburgh Military Tattoo 2026 erfordert sorgfältige Planung und Beachtung der offiziellen Kanäle, Sitzplatzkategorien und des Zeitplans. Durch das Verständnis von Ticketarten, Buchungsfenstern, Preisstrukturen und Richtlinien können Besucher sicherstellen, dass sie die Aufführung besuchen, die ihren Vorlieben und ihrem Zeitplan am besten entspricht. Eine frühzeitige Planung, insbesondere für internationale Reisende oder diejenigen, die ein erstklassiges Erlebnis suchen, erhöht die Wahrscheinlichkeit eines reibungslosen Besuchs. Eine gute Vorbereitung des Ticketkaufs ermöglicht es den Besuchern, sich auf die Aufführung selbst zu konzentrieren und sich voll und ganz auf die Musik, die Übungen und das zeremonielle Spektakel einzulassen, die dieses weltweit bekannte Ereignis ausmachen.

6.2 Sitzmöglichkeiten und Zugänglichkeit

Die Sitzordnung verstehen

Das Royal Edinburgh Military Tattoo findet auf der Schlossesplanade statt, einem natürlich erhöhten und unebenen Platz, der aus Gründen der Sicht und Sicherheit eine sorgfältige Sitzordnung erfordert. Der Veranstaltungsort ist für Tausende von Zuschauern ausgelegt und bietet eine Mischung aus Standard-Sitzreihen, Premium-Bereichen und Hospitality-Logen. Standard-Sitzplätze bieten eine vollständige Sicht auf die Darbietungen, obwohl einige Bereiche aufgrund des Geländes leicht schräg sein können. Premium-Sitzplätze befinden sich näher zur Mitte der Esplanade, oft mit leicht erhöhten Plattformen, um eine ungehinderte Sicht auf die Marschformationen, Dudelsackspieler und Trommelgruppen zu bieten. Hospitality-Logen bieten zusätzlichen Komfort und verfügen über gepolsterte Sitze, Tische und manchmal privaten Lounge-Zugang für Erfrischungen vor oder nach der Vorstellung.

88

Zugänglichkeit für Besucher mit eingeschränkter Mobilität

Barrierefreiheit ist ein zentrales Anliegen des Tattoo. Der Veranstaltungsort bietet spezielle Sitzbereiche für Rollstuhlfahrer und Personen mit eingeschränkter Mobilität, um Sicherheit und freie Sicht auf die Aufführungen zu gewährleisten. Barrierefreie Eingänge, Rampen und Aufzüge ermöglichen den Wechsel zwischen den Sitzebenen, ohne die historische Bausubstanz des Schlosses zu beeinträchtigen. Mitarbeiter stehen zur Verfügung, um beim Platznehmen zu helfen, und barrierefreie Toiletten befinden sich in der Nähe der ausgewiesenen Sitzbereiche. Diese Maßnahmen stellen sicher, dass alle Besucher, unabhängig von ihrer körperlichen Verfassung, die Zeremonie und das Fest ohne Behinderungen oder Schwierigkeiten erleben können.

Familienfreundliche Sitzplätze und Sicherheitsaspekte

Für Familien, die das Tattoo besuchen, werden spezielle Sitzbereiche empfohlen. Diese Bereiche sind so gestaltet, dass Eltern ihre kleinen Kinder bequem begleiten können. Sie bieten Platz für Kinderwagen und einfachen Zugang zu den Toiletten. Zu den Sicherheitsvorkehrungen gehören Handläufe und sanfte Stufen, die das Risiko auf den unebenen Flächen der Promenade minimieren. Familien wird außerdem empfohlen, frühzeitig zu kommen, damit sie sich ausreichend Zeit nehmen und sich ihre Sitze bequem machen können, insbesondere da bei den Aufführungen laute Musik und Trommeln gespielt werden, die jüngere Besucher erschrecken könnten.

Visuelle und akustische Überlegungen

Verschiedene Sitzbereiche beeinflussen sowohl das visuelle als auch das akustische Erlebnis. Von näher gelegenen Plätzen aus kann man Exerzierformationen, Dudelsackspieler und zeremonielle Bewegungen genau beobachten, während erhöhte Sitze eine breitere Perspektive bieten und das gesamte Ausmaß der Aufführung vor der Schlosskulisse einfangen. Akustische Aspekte sind ebenso wichtig. Der Schall überträgt sich auf der Esplanade unterschiedlich, und auf den Sitzen näher an der Mitte sind Dudelsäcke, Trommeln und Blechblasinstrumente am stärksten zu hören. Besucher, die empfindlich auf Lautstärke reagieren, bevorzugen möglicherweise Plätze etwas weiter hinten oder in erhöhten Bereichen, wo die Musik zwar präsent, aber weniger intensiv ist.

Spezielle Sitzplätze für Hospitality- und VIP-Pakete

Hospitality- und VIP-Sitzplätze bieten zusätzliche Annehmlichkeiten wie gepolsterte Stühle, Tische und manchmal Lounges im Innenbereich mit direktem Blick auf die Esplanade. In diesen Bereichen gibt es oft Speisen und Getränke, Informationen zur Geschichte und Bedeutung des Tattoos vor der Show sowie exklusive Merchandise-Angebote. VIP-Sitzplätze sind in der Regel begrenzt und müssen rechtzeitig im Voraus gebucht werden. Diese Optionen sind zwar teurer, bieten aber eine komfortablere und kontrollierte Umgebung, die Besucher anspricht, die Wert auf Komfort, Barrierefreiheit oder ein entspannteres Erlebnis legen.

Buchen und Navigieren durch die Sitzplatzauswahl

Bei der Ticketbuchung sollten Besucher Gelände, Blickwinkel und Barrierefreiheit berücksichtigen. Offizielle Ticketplattformen bieten detaillierte Sitzpläne, Beschreibungen und Hinweise zur Eignung der einzelnen Bereiche für unterschiedliche Zielgruppen. Eine frühzeitige Buchung wird empfohlen, da barrierefreie und Premium-Plätze begrenzt und oft schnell ausverkauft sind. Besucher mit besonderen Anforderungen, wie z. B. Rollstuhlzugang oder Nähe zu Toiletten, sollten sich vorab an die Ticketkasse wenden, um sicherzustellen, dass ihre Bedürfnisse berücksichtigt werden.

Abschluss

Sitzplätze und Barrierefreiheit beim Royal Edinburgh Military Tattoo sind sorgfältig geplant, um sicherzustellen, dass jeder Besucher die Aufführung bequem und sicher erleben kann. Die Auswahl reicht von Standard-Sitzplätzen in mehreren Reihen bis hin zu Premium- und VIP-Arrangements mit speziellen Bereichen für Familien und Personen mit eingeschränkter Mobilität. Ein Verständnis der Anordnung, der akustischen Dynamik und der verfügbaren Annehmlichkeiten hilft den Besuchern, die Sitzplätze auszuwählen, die ihren Vorlieben und Bedürfnissen am besten entsprechen. Durch vorausschauende Planung und Berücksichtigung von Sichtbarkeit und Barrierefreiheit können sich die Besucher auf die Musik, die Übungen und das zeremonielle Spektakel konzentrieren und voll und ganz in die einzigartige und disziplinierte Welt des Tattoos eintauchen.

6.3 Aufführungsplan und -zeiten

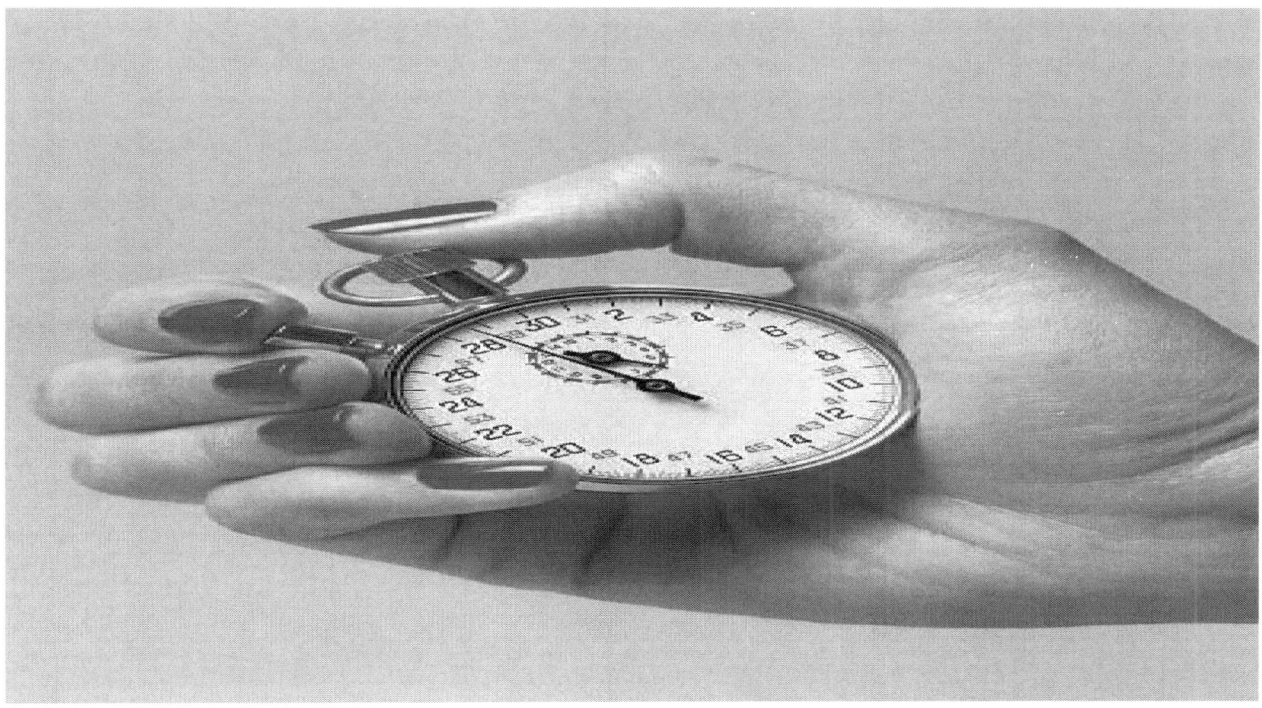

Jährliche Dauer und allgemeiner Zeitplan

Das Royal Edinburgh Military Tattoo findet jedes Jahr im August statt, zeitgleich mit der Festivalsaison der Stadt, und dauert in der Regel drei Wochen. Fast täglich finden Aufführungen statt, darunter eine Mischung aus Abendvorstellungen und gelegentlichen Matineen. Abendvorstellungen beginnen in der Regel gegen 21:00 Uhr, sodass das natürliche, schwindende Licht die dramatische Wirkung der Schlosskulisse verstärkt. Matineen beginnen dagegen am Nachmittag, normalerweise gegen 15:00 Uhr. Jede Vorstellung dauert etwa 90 Minuten, einschließlich einer Pause, in der die Künstler ihre Formationen neu formieren und das Publikum eine kurze Pause für Erfrischungen oder den Toilettengang einlegen kann.

Prime Abendshows

Die Abendvorstellungen gelten als Herzstück des Tattoos und sorgen für optimale Beleuchtung und Atmosphäre auf der Esplanade und im Schloss. Die untergehende Sonne wirft Schatten auf die Steinmauern, und sorgfältig platzierte Lichtanlagen heben Formationen und einzelne Künstler hervor. Für viele Besucher bieten diese Shows das visuell eindrucksvollste Erlebnis, weshalb eine frühzeitige Buchung unerlässlich ist. Abendvorstellungen sind oft schneller ausverkauft als Matineen, insbesondere an

Wochenenden, wenn sowohl Touristen als auch Einheimische in größerer Zahl kommen.

Matinee-Vorstellungen

Matineen richten sich an Familien, Schulklassen und alle, die tagsüber spielen möchten. Diese Vorstellungen bieten in der Regel das gleiche Programm und die gleiche Musik wie Abendvorstellungen, wobei Licht und visuelle Effekte aufgrund des Tageslichts natürlich weniger dramatisch sind. Matineen sind oft auch weniger überfüllt und bieten mehr Bewegungsfreiheit und leichteren Zugang zu den Sitzplätzen. Sie bieten Erstbesuchern die Möglichkeit, sich mit den Formationen, der Musik und den zeremoniellen Abläufen vertraut zu machen, bevor sie möglicherweise eine Abendvorstellung besuchen, um ein intensiveres Erlebnis zu genießen.

Proben- und Vorbereitungszeit

Die Organisatoren des Tattoo koordinieren Proben und Bühnenvorbereitungen sorgfältig vor den öffentlichen Auftritten. Die täglichen Proben beginnen oft mehrere Stunden vor der Show, damit Bands, Drill-Trupps und Zeremonieneinheiten Formationen, Musik und Timing durchgehen können. Die Proben können für eine begrenzte Anzahl von Beobachtern, wie z. B. Reisegruppen oder Bildungsprogramme, zugänglich sein, um einen Einblick in die Präzision und Disziplin zu erhalten, die für die Hauptaufführung erforderlich ist. Diese Vorbereitung stellt sicher, dass jede Show den hohen Erwartungen des Publikums gerecht wird und musikalische, visuelle und zeremonielle Elemente präzise synchronisiert sind.

Ankunft und Einlass des Publikums

Besucher werden gebeten, mindestens eine Stunde vor Vorstellungsbeginn einzutreffen, um die Ticketkontrolle zu bewältigen, Sitzplätze zu finden und es sich bequem zu machen. Die Eingänge öffnen rechtzeitig, um großen Menschenmengen gerecht zu werden, und Mitarbeiter weisen die Besucher zu den richtigen Sitzbereichen. Frühes Erscheinen ist besonders bei Abendvorstellungen wichtig, da das schwindende Tageslicht die Orientierung auf der Esplanade und in den Sitzbereichen erschweren kann. Besucher sollten auch Zeit für nahegelegene Einrichtungen wie Essen, Toiletten und Merchandise-Stände einplanen.

Zeitliche Überlegungen für internationale Besucher

Für internationale Besucher ist Zeitmanagement entscheidend. Die Aufführungen finden in der Hochsaison des Festivals statt, und Verkehr, öffentliche Verkehrsmittel und Fußgängerstaus in der Stadt können die Pünktlichkeit beeinträchtigen. Reisende sollten ihre Anreise so planen, dass sie rechtzeitig vor Vorstellungsbeginn ankommen, und dabei die nahegelegenen Straßenbahn-, Bus- oder Taxiverbindungen berücksichtigen. Bei Abendvorstellungen kann es erforderlich sein, nach der Vorstellung die Rückkehr zur Unterkunft zu organisieren, insbesondere für diejenigen, die sich in

Edinburgh nicht auskennen. Eine angemessene Planung stellt sicher, dass die Besucher keinen Teil der Aufführung verpassen und die gesamte Zeremonie von Anfang bis Ende genießen können.

Besondere Termine und Highlights

Bestimmte Termine während der Tattoo-Laufzeit sind für besondere Anlässe wie Militärjubiläen, die Teilnahme internationaler Gasteinheiten oder besondere Gedenksequenzen vorgesehen. Diese Aufführungen können zusätzliche musikalische Arrangements, einzigartige Drill-Routinen oder Gastauftritte beinhalten und sind daher besonders bei Stammgästen und Fans beliebt. Durch die vorherige Prüfung des offiziellen Programms können Zuschauer Shows auswählen, die ihren Interessen entsprechen – egal, ob sie seltene Formationen erleben oder eine Aufführung mit einer kompletten internationalen Besetzung besuchen möchten.

Abschluss

Um das Royal Edinburgh Military Tattoo in vollen Zügen zu erleben, ist es wichtig, den Spielplan und die Uhrzeiten zu kennen. Die Kombination aus Abend- und Matinee-Vorstellungen, Probenzeiten und besonderen Highlights bietet Flexibilität für ein breites Publikum. Frühes Erscheinen, die Berücksichtigung der Reiselogistik und die Kenntnis des offiziellen Zeitplans ermöglichen es dem Publikum, den größtmöglichen Spaß zu haben und sich voll und ganz auf die Musik, die Märsche und die zeremoniellen Darbietungen einzulassen. Eine gute Planung stellt sicher, dass jeder Besucher die Präzision, Disziplin und das Spektakel erleben kann, die das Tattoo 2026 ausmachen.

6.4 Ankunft und Betreten des Veranstaltungsortes

Planen Sie Ihre Ankunft

Der Besuch des Royal Edinburgh Military Tattoo erfordert aufgrund des großen Andrangs und der begrenzten Zugänge rund um die Schlosspromenade eine sorgfältige Planung. Die meisten Besucher kommen mindestens eine Stunde vor Vorstellungsbeginn, um genügend Zeit für das Parken, die Nutzung öffentlicher Verkehrsmittel und die Einfahrt zu haben. Bei Abendvorstellungen ist die Ankunftszeit besonders wichtig, da das schwindende Licht die Sicht beeinträchtigen und die Passage auf der Esplanade erschweren kann. Für internationale Besucher oder Erstbesucher ist es wichtig, zusätzliche Zeit für unbekannte Straßen und mögliche Staus einzuplanen, um einen reibungslosen Einlass zu gewährleisten.

Anreise mit öffentlichen Verkehrsmitteln

Edinburghs öffentliches Verkehrsnetz bietet mehrere bequeme Möglichkeiten, das Tattoo-Gelände zu erreichen. Straßenbahnen fahren regelmäßig von wichtigen Punkten in der Stadt, darunter Waverley Station und Princes Street, und halten in Gehweite des Schlosses. Auch Buslinien bedienen die Altstadt, Besucher sollten jedoch an Festivaltagen mit möglichen Verspätungen rechnen. Viele lokale Verkehrsunternehmen bieten Informationen zu den schnellsten Routen zur Esplanade, und die Fahrpläne werden während des Festivals häufig angepasst, um der gestiegenen Nachfrage gerecht zu werden. Die Nutzung öffentlicher Verkehrsmittel reduziert den Stress beim Parken und ermöglicht es Besuchern, ohne lange Fußwege oder starken Verkehr näher an die Eingänge zu gelangen.

Fahr- und Parkmöglichkeiten

Für diejenigen, die mit dem Auto anreisen, stehen in der Nähe der Altstadt und des Burggeländes mehrere Parkmöglichkeiten zur Verfügung. Die Plätze sind jedoch begrenzt und während der Festivalsaison oft schnell belegt. Kostenpflichtige öffentliche Parkplätze und Parkhäuser bieten sichere Alternativen. Besucher sollten sich jedoch vorab über Öffnungszeiten und Kapazität informieren. Straßenparkplätze sind äußerst begrenzt und unterliegen strengen Kontrollen. Daher ist es nicht empfehlenswert, sich ausschließlich auf die Parkmöglichkeiten am Straßenrand zu verlassen. Frühes Erscheinen verhindert, dass das Parken stressig wird. Ein Spaziergang von den umliegenden Parkplätzen bietet die Möglichkeit, die Umgebung vor Beginn der Aufführung zu erkunden.

Fußgängerzugang und Beschilderung

Edinburgh Castle und die Esplanade sind hauptsächlich über Fußgängerwege erreichbar, die sich durch die historische Altstadt schlängeln. Eine klare Beschilderung führt Besucher von Hauptstraßen, Haltestellen des öffentlichen Nahverkehrs und Parkplätzen zu den ausgewiesenen Eingängen. Mitarbeiter stehen entlang dieser Wege bereit, um Fragen zu beantworten, den Besucherstrom zu regeln und die Besucher zu den richtigen Sitzplätzen zu führen. Besucher, die zum ersten Mal kommen, könnten den mittelalterlichen Straßenverlauf etwas verwirrend finden. Befolgen Sie daher die offiziellen Anweisungen, um eine pünktliche und geordnete Ankunft zu gewährleisten. Kopfsteinpflasterwege, Stufen und leichte Steigungen gehören zum Weg, daher wird bequemes Schuhwerk empfohlen.

Ticketüberprüfung und Einlassverfahren

Bei der Ankunft am Eingang legen Besucher ihre Tickets zur Überprüfung vor. Das Tattoo bietet digitale, selbst auszudruckende und herkömmliche Papiertickets an, die alle vom Personal gescannt oder überprüft werden. Zu den Sicherheitsmaßnahmen gehören Taschenkontrollen und gelegentliche Kontrollen auf verbotene Gegenstände. So steht die Sicherheit im Vordergrund und Verzögerungen werden minimiert. Das Pförtnerpersonal gibt Anweisungen zum Zugang zu den zugewiesenen Sitzbereichen, und Platzanweiser helfen bei der Platzsuche, insbesondere für Personen mit eingeschränkter Mobilität oder besonderen Anforderungen. Die strikte Einhaltung dieser Verfahren trägt dazu bei, den Besucherstrom aufrechtzuerhalten und einen pünktlichen Beginn der Vorstellungen zu gewährleisten.

Timing für optimales Erlebnis

Frühes Erscheinen bietet neben dem Zugang auch praktische Vorteile. Besucher können sich in Ruhe auf ihren Plätzen niederlassen, das Programm durchgehen und die Atmosphäre der Schlosspromenade genießen. Der frühe Einlass ermöglicht einen kurzen Einblick in die Proben vor der Vorstellung oder den Aufbau zeremonieller Elemente und vermittelt so einen guten Überblick über die Aufführung. Bei verspäteter Ankunft kann es passieren, dass Teile der Vorstellung verpasst werden oder es schwierig wird, einen Sitzplatz zu finden, insbesondere bei Abendvorstellungen und an Wochenenden, wenn der Andrang am größten ist.

Abschluss

Eine gute Planung für Ankunft und Einlass zum Royal Edinburgh Military Tattoo sorgt für ein reibungsloses, komfortables und stressfreies Erlebnis. Durch die Berücksichtigung von öffentlichen Verkehrsmitteln, Parkmöglichkeiten, Fußgängernavigation und Barrierefreiheit können Besucher die Esplanade schnell erreichen und sich vor Beginn der Vorstellung einrichten. Durch die frühzeitige Ankunft kann sich das Publikum ungestört auf die Musik, die Übungen und das zeremonielle Spektakel konzentrieren und erhält so einen nahtlosen Einstieg in eines der berühmtesten Ereignisse Edinburghs.

6.5 Wetter, Atmosphäre und Etikette

Das Augustwetter in Edinburgh verstehen

Der August ist in Edinburgh im Allgemeinen mild, mit durchschnittlichen Tagestemperaturen zwischen 15 °C und 20 °C (59 °F und 68 °F). Aufgrund der Küstenlage der Stadt kann das Wetter jedoch schnell umschlagen und mit plötzlichem leichtem Regen oder starkem Wind einhergehen. Insbesondere Abendvorstellungen können sich kühler anfühlen als Matineen tagsüber, vor allem auf der Schlossesplanade, die im Freien und erhöht liegt. Besuchern wird empfohlen, die Wettervorhersage zu prüfen und sich in Schichten zu kleiden. Bringen Sie leichte, wasserdichte Jacken oder Schals mit, um während der Vorstellung bequem zu bleiben. Es wird empfohlen, Schuhe zu tragen, die für Kopfsteinpflaster und unebene Wege geeignet sind, da der Weg zu den Sitzbereichen über Steigungen und Stufen führt.

Die einzigartige Atmosphäre der Esplanade

Die Schlosspromenade bietet eine unverwechselbare Kulisse für das Tattoo, wobei die historischen Steinmauern die musikalischen und musikalischen Darbietungen einrahmen. Die Kombination aus Freilichtbühne, Schlossarchitektur und Lichtdesign trägt zu einer disziplinierten und zugleich feierlich lebendigen Atmosphäre bei. Die Zuschauer sitzen eng zusammen, wodurch ein gemeinschaftliches Erlebnis entsteht, bei dem Applaus, rhythmisches Miteinander und aufmerksames Beobachten Teil der Dynamik der Veranstaltung sind. Die erhöhte Position einiger Sitzplätze bietet einen

Panoramablick auf die Formationen, während die Sitzplätze in den unteren Rängen eine genaue Beobachtung der Präzision jeder Übung und jedes musikalischen Einsatzes ermöglichen. Das Verständnis des Zusammenspiels von Raum, Sitzplätzen und Darbietung hilft den Besuchern, die sinnlichen Aspekte des Ereignisses zu antizipieren und zu schätzen.

Publikumsverhalten und respektvolles Verhalten

Die Etikette beim Tattoo legt Wert auf Respekt gegenüber den Künstlern, den anderen Zuschauern und dem zeremoniellen Kontext. Gespräche während der Aufführungen sind nicht erwünscht, und Mobiltelefone sollten stummgeschaltet werden, um Ablenkungen zu vermeiden. Blitzlichtaufnahmen oder Aufnahmegeräte können in bestimmten Bereichen eingeschränkt oder verboten sein, um die Konzentration auf die Live-Aufführung zu gewährleisten und Störungen der Beleuchtung oder Sicht zu vermeiden. Applaus und Reaktionen werden in der Regel auf die Auftrittssignale abgestimmt, insbesondere nach Drill-Sequenzen, musikalischen Finales oder zeremoniellen Darbietungen. Dieses gemeinsame Verständnis für das Verhalten des Publikums trägt zu einer respektvollen Atmosphäre bei, die das Gesamterlebnis für alle Besucher verbessert.

Interaktion mit Darstellern und Mitarbeitern

Während der direkte Kontakt mit den Künstlern während der Aufführungen generell eingeschränkt ist, haben die Zuschauer vor oder nach der Vorstellung Gelegenheit dazu. Mitarbeiter und Platzanweiser weisen den Zugang zu Sitzplätzen, Annehmlichkeiten und Ausgängen, und ihre Anweisungen sind aus Sicherheitsgründen umgehend zu befolgen. Besucher sollten außerdem die Beschilderung zu Sperrbereichen und Backstage-Bereichen beachten, da diese zum Schutz der Künstler und des Publikums kontrolliert werden. Ein geordnetes Verhalten gewährleistet einen reibungslosen Ablauf der Aufführung und die zeremonielle Integrität der Veranstaltung.

Komfortmanagement unter variablen Bedingungen

Da die Esplanade unter freiem Himmel stattfindet, ist es wichtig, sich auf den Komfort vorzubereiten. Kleine Kissen oder Sitzpolster können den Komfort auf härteren Sitzflächen erhöhen, während Wasserflaschen und kleine Snacks während der Vorstellung hilfreich sein können. Regenschirme sind in den Sitzbereichen möglicherweise nicht erlaubt, daher sind kompakte, wasserdichte Jacken oder Ponchos bei Regen vorzuziehen. Besucher sollten auch mit möglichem Wind rechnen, der sowohl die Wärme als auch die Handhabung persönlicher Gegenstände wie Programme oder Ferngläser beeinträchtigen kann. Eine gute Vorbereitung ermöglicht es dem Publikum, sich voll und ganz auf die Vorstellung zu konzentrieren, ohne von Umweltfaktoren abgelenkt zu werden.

Kulturelle Sensibilität und Beachtung der Tradition

Das Tattoo ist tief in den schottischen Militär- und Zeremonientraditionen verwurzelt. Von den Zuschauern wird erwartet, dass sie sich dieser kulturellen Normen bewusst sind. Schweigeminuten, aufmerksames Zuhören bei Dudelsackmusik und angemessener Applaus nach wichtigen Szenen drücken sowohl Respekt für die Künstler als auch Anerkennung der historischen Bedeutung des Ereignisses aus. Besucher aus aller Welt sollten diese Gepflogenheiten beachten, da sie das Gemeinschaftserlebnis bereichern und den lokalen Erwartungen entsprechen.

Abschluss

Wetter, Atmosphäre und Etikette prägen das Erlebnis des Royal Edinburgh Military Tattoo maßgeblich. Die Berücksichtigung des wechselhaften Augustwetters, die Vorbereitung auf die Bedingungen im Freien und die Einhaltung der Verhaltensregeln für das Publikum sorgen für Komfort und Respekt während der gesamten Aufführung. Durch das Verständnis des Zusammenspiels zwischen zeremoniellem Rahmen, Publikumsverhalten und Umweltbedingungen können sich die Besucher voll und ganz auf die Musik, den Drill und die Prachtentfaltung des Tattoos einlassen und ein konzentriertes und intensives Erlebnis vor der historischen Burgkulisse von Edinburgh genießen.

Kapitel 7 – Essen und Trinken während der Festzeit

7.1 Traditionelle schottische Gerichte

Grundlagen der schottischen Küche

Die schottische Küche basiert auf herzhaften, regionalen Zutaten, die sowohl die Landschaft als auch die historischen Essgewohnheiten widerspiegeln. Traditionelle Gerichte bestehen oft aus Kartoffeln, Hafer, Wurzelgemüse und verschiedenen Fleisch- und Fischsorten. Lamm, Rind und Wild wie Hirsch sind häufige Proteinquellen, während Lachs, Schellfisch und Schalentiere an den Küsten und in den Flüssen Grundnahrungsmittel sind. Viele Rezepte werden mit einfachen Gewürzen wie Salz, Pfeffer und Kräutern zubereitet, wodurch der natürliche Geschmack der Zutaten betont wird. Dieser Ansatz führt zu sättigenden und praktischen Gerichten, die gut zum unvorhersehbaren schottischen Klima passen, insbesondere während der Festivalsaison, wenn sich die Besucher oft lange im Freien aufhalten.

Klassische Gerichte zum Probieren

Haggis ist vielleicht das bekannteste traditionelle schottische Gericht. Es besteht aus Schafsherz, -leber und -lunge, die mit Hafer, Zwiebeln und Talg vermischt und in eine Magenschleimhaut eingehüllt werden. Es wird typischerweise mit Neeps (Rüben) und Tatties (Kartoffelpüree) serviert. Ein weiteres Grundnahrungsmittel ist Cullen Skink, eine geräucherte Schellfisch-Kartoffel-Suppe aus dem Nordosten Schottlands. Fischpasteten und Scotch Broth, eine herzhafte Suppe mit Gerste, Fleisch und Wurzelgemüse, sind in den örtlichen Restaurants ebenfalls weit verbreitet. Diese Gerichte werden oft in Pubs, Cafés und Restaurants genossen, die sowohl Einheimische als auch Festivalbesucher bewirten und neben dem kulturellen Angebot der Stadt ein authentisches kulinarisches Erlebnis bieten.

Backwaren und Snacks

Schottland bietet auch eine Vielzahl traditioneller Backwaren, die während der Festivalsaison beliebt sind. Shortbread, Haferkekse und Scones sind weit verbreitet und eignen sich als praktischer Snack für Besucher von Aufführungen oder Spaziergänge durch die Stadt. Fleischpasteten, darunter Steak-and-Kidney- oder Mince-Pies, werden häufig in lokalen Bäckereien und Imbissbuden verkauft und bieten Besuchern so eine tragbare Alternative. Händler in der Nähe von Festivalgeländen bieten diese Produkte oft neben Sandwiches und Gebäck an, sodass Reisende traditionelle Aromen erleben und gleichzeitig ihrem vollen Terminkalender gerecht werden können.

Vegetarische und alternative Optionen

Während traditionelle schottische Gerichte oft auf Fleisch und Fisch basieren, bieten viele Restaurants in Edinburgh vegetarische Varianten an. Gemüsehaggis, Linseneintöpfe und Wurzelgemüsepasteten erfreuen sich zunehmender Beliebtheit, insbesondere in Gegenden, die von Festivalbesuchern frequentiert werden. Lokale Märkte bieten oft auch saisonale Produkte, handwerklich hergestellten Käse und pflanzliche Snacks an, um Besuchern gerecht zu werden, die leichtere oder alternative Ernährungsoptionen bevorzugen. Wenn Reisende diese Angebote kennen, können sie authentische schottische Aromen genießen und gleichzeitig auf ihre persönlichen Vorlieben eingehen.

Saisonale Überlegungen und Festivalmenüs

Im August passen viele Restaurants und Cafés ihre Speisekarten an die Festivalbesucher an. Saisonale Zutaten wie frische Kräuter, Beeren und Gemüse werden oft in spezielle Gerichte eingearbeitet. Einige Lokale bieten feste Menüs oder Optionen vor dem Theaterbesuch an, die auf die Festivalveranstaltungen abgestimmt sind und so für Besucher des Tattoos oder anderer Aufführungen praktisch sind. Diese Menüs sind so konzipiert, dass sie sättigen, ohne zu schwer zu sein, und eignen sich für einen ganzen Tag voller Spaziergänge, Besichtigungen und Showbesuche.

Kombination mit Getränken

Traditionelle schottische Gerichte werden häufig von Getränken begleitet, die den Geschmack der Gerichte unterstreichen. Wasser, Softdrinks und Tee sind weit verbreitet, während Pubs und Restaurants lokale Ales, Whiskys und Cider anbieten. Single Malt Scotch Whisky ist ein besonderes Highlight, und viele Lokale bieten Verkostungen oder passende Getränke zu den Mahlzeiten an. Besucher, die lokale Getränke verantwortungsbewusst probieren möchten, können so sowohl deren Geschmacksprofile als auch ihre kulturelle Bedeutung kennenlernen.

Abschluss

Traditionelle schottische Gerichte während der Festivalzeit bieten mehr als nur Stärkung; sie bieten ein geerdetes, lokales Erlebnis, das den kulturellen Reichtum Edinburghs im August ergänzt. Herzhafte Gerichte wie Haggis, Cullen Skink und Scotch Broth bilden zusammen mit Backwaren und saisonalen Produkten die kulinarische Kulisse für das Festival. Durch das Verständnis klassischer Gerichte, möglicher Variationen und praktischer Überlegungen zum Festivalablauf können Besucher authentische, sättigende Mahlzeiten genießen, die zum Rhythmus der geschäftigen Kultursaison in Edinburgh passen.

7.2 Lokale Pubs und Whisky-Kultur

Pubs als Treffpunkte der Gemeinschaft

Die Pubs in Edinburgh sind ein zentraler Bestandteil des sozialen und kulturellen Gefüges der Stadt und dienen während der Festivalsaison als Treffpunkte für Einheimische und Besucher. Die Bandbreite reicht von kleinen, historischen Tavernen in den Gassen der Altstadt bis hin zu größeren Lokalen an den Hauptstraßen mit großzügigen Sitzgelegenheiten. Pubs sind mehr als nur Orte zum Trinken; sie bieten ein informelles Ambiente, um lokale Bräuche zu beobachten, sich zu unterhalten und Live-Musik oder Geschichtenerzählerstunden zu erleben, die selbst während der geschäftigen Festivalmonate weitergehen. Viele Pubs bewahren ihr traditionelles Dekor mit Holzbalken, Steinböden und originaler Beschilderung, das die lange Geschichte der Stadt widerspiegelt und dem Edinburgh-Erlebnis einen besonderen Kontext verleiht.

Whisky-Auswahl und Verkostungspraktiken

Whisky ist ein integraler Bestandteil der schottischen Kultur und in den Pubs kann man eine große Bandbreite an Sorten probieren. Neben Single Malt Whiskys aus Regionen wie Speyside, Islay und den Highlands werden häufig auch Blended Scotch und gelegentlich auch lokal produzierte Kleinserien angeboten. Kompetentes Personal führt die Besucher oft durch die Verkostung und erklärt Unterschiede in Geschmack, Alter und Herstellungsverfahren. Bei der Verkostung wird typischerweise eine kleine Menge pur eingeschenkt, manchmal mit einem Tropfen Wasser, um das Geschmacksprofil zu öffnen und den Gästen die Nuancen von Rauch, Torf, Früchten oder Gewürzen näherzubringen. Eine Whiskyverkostung in einem Pub bietet Einblicke sowohl in das Getränk selbst als auch in die damit verbundenen Rituale, von der Reihenfolge der Verkostung bis hin zum richtigen Glasgeschirr.

Essenskombinationen in Pubs

Pubs ergänzen ihr Whisky-Angebot häufig mit Speisen, die das Geschmackserlebnis bereichern. Kleine Teller oder Platten zum Teilen können mit Käse aus der Region, Räucherlachs, Haferkeksen oder Wurstwaren aufwarten. Auch deftigere Gerichte wie Fleischpasteten, Shepherd's Pie oder Fish and Chips sind weit verbreitet und bieten etwas für alle, die ihre Mahlzeiten mit Getränken kombinieren möchten. Saisonale Spezialitäten finden oft parallel zum Festival statt und heben lokale Zutaten und

Rezepte hervor, die die traditionelle schottische Küche widerspiegeln und gleichzeitig den Bedürfnissen von Besuchern gerecht werden, die sich durch Aufführungen und Stadtrundfahrten bewegen. Diese Kombinationen bieten eine praktische und geschmackvolle Möglichkeit, lokale Geschmäcker in Verbindung mit der Whisky-Kultur zu erleben.

Atmosphäre während der Festivalsaison

Während der Festivalsaison sind Edinburghs Pubs oft voll ausgelastet, was eine lebendige und geschäftige Atmosphäre schafft. Live-Musik, Geschichtenerzähler oder Dichterlesungen können neben dem regulären Betrieb stattfinden und spiegeln das breitere kulturelle Angebot der Stadt wider. Trotz des gestiegenen Andrangs bieten die meisten Pubs ein einladendes und geordnetes Ambiente, und das Personal kümmert sich effizient um Sitzplätze, Bedienung und Besucherströme. Reisende, die Einblicke in das lokale Leben suchen, können durch die Beobachtung der Interaktionen, des Bedienungsrhythmus und des Verhaltens der Gäste Einblicke in die schottischen gesellschaftlichen Normen und die Gastfreundschaft gewinnen.

Kulturelle Etikette in Pubs

Besucher sollten sich über die üblichen Verhaltensweisen in schottischen Pubs informieren. Zu respektvollem Verhalten gehört es, bei starkem Andrang auf einen Platz zu warten, an der Bar zu bestellen, wenn dies angezeigt wird, und Personal und andere Gäste höflich zu grüßen. Trinkgeld ist üblich, in der Regel etwa 10 % für den Tischservice, aber auch das Aufrunden an der Bar ist akzeptabel. Pubs können die Anzahl der gleichzeitig ausgeschenkten Getränke begrenzen, insbesondere während der Festivalzeiten, um einen verantwortungsvollen Konsum zu gewährleisten. Das Verständnis dieser Regeln ermöglicht es Besuchern, sowohl mit dem Servicepersonal als auch mit anderen Gästen angenehm und respektvoll umzugehen.

Abschluss

Edinburghs Pubs und die Whiskykultur ergänzen das Festivalerlebnis perfekt und bieten Einblicke in die sozialen Gewohnheiten, kulinarischen Gepflogenheiten und das schottische Erbe. Von historischen Tavernen bis hin zu lebendigen, modernen Lokalen können Besucher das lokale Leben kennenlernen, traditionelle Whiskys probieren und Speisenkombinationen mit regionalen Zutaten genießen. Das Bewusstsein für Etikette, Barrierefreiheit und die saisonale Dynamik des Festivalpublikums sorgt dafür, dass jeder Besuch praktisch, unterhaltsam und kulturell bereichernd ist und Reisende diesen Aspekt der Identität Edinburghs voll und ganz genießen können.

7.3 Streetfood-Stände und Festival-Häppchen

Festival Street Food Landschaft

Während der Edinburgher Festivalsaison im August sind Streetfood-Stände und Pop-up-Anbieter in der ganzen Stadt ein beliebtes Ziel, insbesondere in der Nähe der wichtigsten Veranstaltungsorte und Festivalzentren. Diese temporären Einrichtungen bieten Besuchern, die zu den Aufführungen, Workshops und Sehenswürdigkeiten gelangen, praktische, verzehrfertige Optionen. Die Stände säumen typischerweise Hauptverkehrsstraßen wie die Royal Mile, die Princes Street Gardens und die Bereiche rund um die Schlosspromenade und bilden so ein dichtes Netz an Schnellimbissen. Dank ihrer Nähe können Festivalbesucher essen, ohne weit von den Veranstaltungen entfernt zu sein, was Streetfood zu einer effizienten Lösung für alle mit engem Zeitplan macht.

Vielfalt des Angebots

Das Streetfood in Edinburgh ist vielfältig und verbindet traditionelle schottische Gerichte mit internationalen Einflüssen. Klassiker wie Wurstbrötchen, Fleischpasteten und Fish and Chips sind leicht erhältlich und werden oft in handlichen Formaten serviert, sodass man beim Essen gehen oder stehen kann. Händler bieten häufig gegrilltes oder gebratenes Fleisch, Sandwiches und Wraps an, dazu Pommes oder kleine Salate. Auch internationale Optionen, darunter mediterrane, asiatische und nahöstlich inspirierte Gerichte, sind weit verbreitet und bieten für jeden Geschmack und jede Ernährungsvorliebe etwas. Viele Stände passen ihre Menüs speziell an das Festivalpublikum an und legen Wert auf Schnelligkeit, Tragbarkeit und zufriedenstellende Portionsgrößen, ohne dabei den Geschmack zu beeinträchtigen.

Praktische Hinweise für Festivalbesucher

Straßenimbisse sind praktisch, erfordern aber praktisches Geschick. Zu Stoßzeiten können sich schnell Warteschlangen bilden. Frühes Erscheinen oder das Erscheinen außerhalb der üblichen Essenszeiten kann die Wartezeit verkürzen. Viele Stände akzeptieren nur Bargeld, kontaktloses Bezahlen wird jedoch immer üblicher, insbesondere bei größeren Festivals. Besucher sollten außerdem beachten, dass es an den meisten Ständen keine ausreichenden Sitzgelegenheiten gibt. Es werden tragbare Bänke oder öffentliche Plätze genutzt, und an manchen Ständen muss man beim Essen stehen. Besteck, Servietten oder Feuchttücher können für mehr Komfort sorgen, da diese Dinge nicht immer zur Verfügung stehen.

Lokale Aromen und saisonale Zutaten

Mehrere Straßenimbisse legen den Schwerpunkt auf schottische Zutaten und traditionelle Rezepte. Haggis-Wraps, Räucherlachs-Sandwiches, Haferkekse mit Käse oder Pastete und geröstete Wurzelgemüse-Bowls sind Beispiele für Gerichte, die Besuchern regionale Aromen in tragbaren Formaten näherbringen. Saisonale Produkte wie Beeren, Pilze und Blattgemüse finden sich oft auch in Salaten oder Beilagen wieder und spiegeln die Sommerernte der Stadt wider. Die Händler beziehen ihre Produkte oft aus der Region, um die Frische zu erhalten und den Lagerbedarf zu minimieren, was zu einem authentischen Eindruck des Essensangebots beiträgt.

Hygiene- und Sicherheitspraktiken

Die Essensstände des Festivals unterliegen strengen lokalen Vorschriften zur Lebensmittelhygiene und -sicherheit. Gesundheitsinspektionen stellen sicher, dass Zubereitungsbereiche, Kochgeräte und Lagerbedingungen den Standards entsprechen, wodurch die Risiken im Zusammenhang mit der großen Anzahl von Speisen im Freien minimiert werden. Besucher werden gebeten, auf sichtbare Sauberkeit und die richtige Temperaturkontrolle bei warmen und kalten Speisen zu achten. Darüber hinaus bieten viele Anbieter klar gekennzeichnete Informationen zu Allergenen an, damit Menschen mit Ernährungseinschränkungen eine fundierte Auswahl treffen können, ohne den Festivalablauf zu unterbrechen.

Zeitplanung und Zugänglichkeit

Die Stände sind in der Regel den ganzen Tag geöffnet, mittags und abends, zeitgleich mit den Vorstellungen. Festivalbesucher, die Matineen oder Abendvorstellungen besuchen, können durch strategische Planung eine Mahlzeit genießen, ohne Teile der Vorstellung zu verpassen. Die Zugänglichkeit variiert je nach Standort; einige Stände befinden sich möglicherweise auf unebenem Boden, über Stufen oder Kopfsteinpflaster, sodass Personen mit eingeschränkter Mobilität vorsichtig navigieren müssen. Die Auswahl geeigneter Standorte entlang der Fußwege zwischen den Vorstellungen gewährleistet sowohl Effizienz als auch Sicherheit.

Abschluss

Streetfood-Stände und Festival-Häppchen bieten Besuchern in Edinburghs geschäftiger Festivalzeit praktische, schmackhafte und effiziente Optionen. Mit traditionellen schottischen Gerichten, internationalen Variationen und tragbaren Mahlzeiten unterstützen diese Anbieter das Festivalprogramm und bringen gleichzeitig lokale Aromen ein. Ein Bewusstsein für Hygiene, Zahlungsmöglichkeiten, Sitzplatzbeschränkungen und Zeitplanung sorgt für ein reibungsloses und angenehmes Erlebnis. Durch die Integration von Streetfood in die tägliche Festivalplanung können Reisende Energie tanken, vielfältige kulinarische Angebote erkunden und die lebendige Straßenkultur der Stadt erleben, ohne die Teilnahme an Aufführungen und Veranstaltungen zu unterbrechen.

7.4 Cafés und Kaffeehäuser

Rolle der Cafés im Festivalleben

Cafés und Kaffeehäuser spielen während der Festivalsaison in Edinburgh eine praktische und soziale Rolle und bieten Raum zum Ausruhen, Erfrischen und für zwanglose Mahlzeiten. Viele befinden sich in zentralen Bereichen wie der Altstadt, der Neustadt und in der Nähe wichtiger Veranstaltungsorte und sind somit eine praktische Zwischenstation zwischen Shows, Ausstellungen oder Besichtigungen. Im Gegensatz zu Straßenimbissen bieten Cafés Sitzgelegenheiten, Schutz und eine kontrollierte Umgebung, was besonders bei wechselhaftem Augustwetter von Vorteil sein kann. Sie dienen als Treffpunkte für Gruppen, als ruhige Orte für Einzelbesucher und als Orte, um Festivalprogramme zu besprechen oder Reiserouten zu planen.

Kaffee- und Getränkeangebote

Kaffee ist nach wie vor die Hauptattraktion der meisten Cafés. Das Angebot reicht von Standard-Espresso, Cappuccino und Latte bis hin zu Spezialitäten oder saisonalen Mischungen. Viele Cafés bieten sortenreine Bohnen, lokal geröstete Sorten und sorgfältig zubereitete Zubereitungsmethoden wie Filterkaffee oder French Press an.

Kaffeefreie Alternativen wie Kräutertees, heiße Schokolade und gekühlte Getränke decken die unterschiedlichsten Vorlieben ab. Während der Festivalsaison bieten einige Cafés limitierte Getränke oder Themengetränke an, die Ereignisse oder kulturelle Elemente der Stadt widerspiegeln. Diese werden jedoch eher schlicht und praktisch als theatralisch präsentiert.

Speisekarten und praktische Optionen

Cafés bieten in der Regel leichte Mahlzeiten und Snacks für den schnellen Verzehr oder ein zwangloses Essen an. Frühstücksgerichte wie Porridge, Müsli oder Eier sind ebenso üblich wie Sandwiches, Quiches, Gebäck und Backwaren für die Mittags- oder Nachmittagspause. Viele Lokale bieten auch kleine Platten oder Bretter zum Teilen mit Käse, Wurst oder Obst für Gruppen an. Die Portionsgrößen sind in der Regel überschaubar und eignen sich zum Essen im Sitzen oder unterwegs. Besucher können sich in Cafés stärken, ohne ein Restaurant mit Bedienung zu benötigen, was besonders an geschäftigen Festivaltagen wichtig ist, wenn die Zeit zwischen den Auftritten knapp ist.

Atmosphäre und Umwelt

Die Atmosphäre in Edinburgher Cafés variiert je nach Lage und Tageszeit von intim und ruhig bis lebhaft und geschäftig. Historische Innenräume mit freiliegenden Stein- oder Holzbalken sind häufig und vermitteln ein Gefühl der Verbundenheit mit der Architektur und Vergangenheit der Stadt. Zur Sitzgelegenheit gehören Tische für Gruppen, Theken für Einzelbesucher und kleine Loungebereiche. Während des Festivals sind Cafés in der Nähe der großen Veranstaltungsorte oft stark frequentiert. Besucher sollten daher Wartezeiten einplanen oder einen Besuch außerhalb der Stoßzeiten in Erwägung ziehen. Diese Umgebung ermöglicht sowohl Entspannung als auch die Beobachtung des lokalen Lebens, einschließlich zwangloser Gespräche und des Rhythmus des Stadtgeschehens.

Zugänglichkeit und praktische Überlegungen

Die Barrierefreiheit ist in Cafés unterschiedlich, insbesondere in älteren Gebäuden in der Altstadt, die oft Stufen oder schmale Eingänge haben. Viele moderne Cafés und solche in der Neustadt bieten Rampen, breitere Gänge und barrierefreie Sitzplätze. Es ist wichtig, sich im Voraus über die Öffnungszeiten zu informieren, da einige Cafés ihre Öffnungszeiten an das Festival anpassen oder verlängerte Öffnungszeiten haben, um frühen oder späten Vorstellungen gerecht zu werden. Als Zahlungsmethoden stehen in der Regel Bargeld, Kartenzahlung und kontaktlose Zahlungen zur Verfügung, sodass Transaktionen auch in Stoßzeiten unkompliziert sind.

Kulturelles Engagement und lokale Interaktion

Ein Cafébesuch bietet Einblicke in lokale Gewohnheiten und den Alltag. Schottische Gäste machen oft eine kurze Kaffeepause, gönnen sich eine kleine Mahlzeit oder besuchen gesellige Treffen. Die Beobachtung dieser Gewohnheiten vermittelt einen Einblick in die Balance zwischen Arbeit, Freizeit und Festivals in der Stadt. Das Cafépersonal kennt sich in der Regel sowohl mit der Speisekarte als auch mit lokalen Veranstaltungen aus, und kurze Gespräche können praktische Tipps für den Besuch von Aufführungen, Straßenmärkten oder nahegelegenen Sehenswürdigkeiten geben. Dieses informelle kulturelle Engagement wertet den praktischen Zweck der Erfrischung und Erholung zusätzlich auf.

Abschluss

Cafés und Kaffeehäuser in Edinburgh dienen während der Festivalsaison als wichtige Orte für Komfort, Verpflegung und kulturelles Erleben. Mit einem zuverlässigen Getränkeangebot, leichten Mahlzeiten, barrierefreien Sitzplätzen und einer kontrollierten Umgebung ergänzen sie das Angebot an Straßenimbissen und Restaurants für Besucher. Die Kenntnis von Standort, Erreichbarkeit, Stoßzeiten und Menüangebot ermöglicht es Reisenden, Café-Stopps effizient in die Festivalplanung zu integrieren. Die Nutzung dieser Orte bietet sowohl praktische Verpflegung als auch einen fundierten Einblick in das lokale Leben und trägt so zu einem abgerundeten und überschaubaren Festivalerlebnis bei.

Kapitel 8 – Fortbewegung in Edinburgh

8.1 Spaziergang durch die Alt- und Neustadt

Navigieren durch die Straßen der Altstadt

Die Altstadt von Edinburgh ist ein kompaktes Gebiet, das durch mittelalterliche Straßenzüge, enge Gassen und historische Gassenzüge geprägt ist. Das Gehen durch diese Straßen erfordert Geduld und Aufmerksamkeit, da die Gehwege schmal und uneben sein können, insbesondere auf Kopfsteinpflasterabschnitten. Die Royal Mile, die sich vom Edinburgh Castle bis zum Holyroodhouse Palace erstreckt, dient als Hauptverkehrsader. Viele Besucher finden jedoch, dass die kleineren Gassenzüge und Straßenzüge ruhigere Wege mit weniger Menschenmassen und einzigartigen Geschäften bieten. Bemerkenswerte Straßen wie die Victoria Street und die Cockburn Street bieten Zugang zu Restaurants, Kunsthandwerksläden und historischen Sehenswürdigkeiten und sind dennoch ohne Fahrzeugbehinderung begehbar.

Zugangspunkte und Orientierungspunkte

Zu den wichtigsten Zugangspunkten für Spaziergänge in der Altstadt zählen die High Street in der Nähe der St. Giles' Cathedral und die Kreuzungen mit Grassmarket und Cowgate. Vom Bahnhof Waverley aus erreichen Fußgänger das Herz der Altstadt in zehn Minuten. Die Hauptstraßen sind gut ausgeschildert. Edinburgh Castle am oberen Ende der Royal Mile ist ein idealer Ausgangspunkt für Spaziergänge von Nord nach Süd, während Holyrood Park und das schottische Parlament am anderen Ende der Straße enden. Seitenstraßen weisen oft Stufen oder steile Anstiege auf, daher ist geeignetes Schuhwerk für Sicherheit und Komfort unerlässlich.

Historischer Kontext beim Gehen

Ein Spaziergang durch die Altstadt ist mehr als nur ein Spaziergang durch die Straßen; es ist ein Eintauchen in die Geschichte. Gebäude aus dem 16. und 17. Jahrhundert säumen die Hauptstraßen und bieten Einblicke in die architektonische Entwicklung, die Stadtplanung und das lokale Gewerbe. Gedenktafeln und kleine Museen heben historische Ereignisse hervor, darunter Verbindungen zur Reformation, der schottischen Aufklärung und bedeutenden Persönlichkeiten, die in der Stadt lebten. Besucher werden ermutigt, an wichtigen Orten wie dem John Knox House oder dem Mercat Cross innezuhalten und beim Erkunden öffentlicher Straßen Privateigentum zu respektieren.

Praktische Überlegungen

Während der Festivalsaison, insbesondere im August, kann der Fußgängerverkehr stark sein. Ein Spaziergang entlang der Royal Mile zwischen 10 und 12 Uhr oder am späten Abend nach 20 Uhr reduziert den Stau oft. Enge Gassen können zu Engpässen werden, daher ist es ratsam, in kleinen Gruppen unterwegs zu sein. Straßenschilder, Karten und mobile Navigationssysteme erleichtern die Orientierung, insbesondere für Besucher, die mit dem labyrinthischen Verlauf der Altstadt nicht vertraut sind. Ein kleiner Tagesrucksack mit den wichtigsten Dingen – Wasser, Tickets und leichter Regenschutz – verbessert Komfort und Mobilität.

Die Neustadt erkunden

Die im 18. Jahrhundert entstandene Neustadt steht im starken Kontrast zur Altstadt. Ihr gitterförmiger Grundriss, die breiteren Straßen und die neoklassizistische Architektur sorgen für ein berechenbareres Spaziergangserlebnis. Straßen wie die Princes Street, George Street und Queen Street verfügen über breitere Gehwege, Parks und barrierefreie Fußgängerüberwege und eignen sich daher für gemütliche Spaziergänge, zum Einkaufen und für einen Besuch in Cafés oder Galerien. Die Abstände ermöglichen eine bessere Sicht, einfachere Orientierung und ein sichereres Gehen für Reisende mit Gepäck oder Kindern.

Verbindung von Altstadt und Neustadt

Mehrere Durchgangsstraßen verbinden Altstadt und Neustadt, darunter die Waverley Bridge, die Market Street und der Mound. Diese Verbindungen ermöglichen einen effizienten Spaziergang zwischen historischen und kommerziellen Vierteln und ermöglichen Besuchern einen reibungslosen Übergang von historischen Stätten zu modernen Annehmlichkeiten. Die Höhenunterschiede sind moderat, aber spürbar; einige Routen erfordern das Überwinden von Treppen oder abschüssigen Straßen, daher sollten Wanderer ihr Tempo entsprechend anpassen.

Geführte und selbstgeführte Optionen

Stadtrundgänge, sowohl geführte als auch selbstgeführte, bieten strukturierte Einblicke in die Geschichte und Kultur Edinburghs. Geführte Touren beinhalten oft Stopps in versteckten Gassen, Innenhöfen und kleinen Museen, wo historischer Kontext und praktische Tipps zur Orientierung geboten werden. Selbstgeführte Spaziergänge können mithilfe von offiziellen Karten, Smartphone-Apps oder gedruckten Reiseführern geplant werden, was eine flexible Zeiteinteilung und ein individuelles Tempo ermöglicht. Bei beiden Optionen empfiehlt es sich, früh am Tag zu beginnen, um Stoßzeiten zu vermeiden.

Sicherheit und Zugänglichkeit

Die meisten Straßen sind tagsüber sicher zu Fuß erreichbar, nach Einbruch der Dunkelheit ist jedoch Vorsicht geboten, insbesondere in engen oder schlecht beleuchteten Gassen. Bleiben Sie auf belebten Straßen und folgen Sie den markierten Fußgängerüberwegen. Die Neustadt ist für Rollstuhlfahrer und Personen mit eingeschränkter Mobilität besser zugänglich, da sie im Vergleich zur Altstadt ebene Gehwege, Rampen und weniger Stufen bietet. Reisende mit eingeschränkter Mobilität sollten ihre Route im Voraus planen, um wichtige Sehenswürdigkeiten ohne steiles oder unebenes Gelände zu erreichen.

Saisonale und festliche Überlegungen

Die Bedingungen für Spaziergänge variieren je nach Jahreszeit. Im August herrscht reger Festivalverkehr mit Künstlern, Menschenmassen und temporären Bühnen entlang der Royal Mile. Unter der Woche ist es morgens und am frühen Nachmittag in der Regel ruhiger. Die Wintermonate können nass und eisig sein; wasserdichte Schuhe, warme Kleidung und die Beachtung von Wetterwarnungen sind daher unerlässlich. Festivalveranstaltungen, Paraden und Straßenaufführungen können die Wanderrouten sowohl bereichern als auch erschweren. Daher ist es ratsam, lokale Informationstafeln oder Apps zu konsultieren, um die Planung zu erleichtern.

Empfohlene Haltestellen und Sehenswürdigkeiten

Zu den wichtigsten Stationen eines umfassenden Rundgangs zählen Edinburgh Castle, St. Giles' Cathedral, die Scotch Whisky Experience, Grassmarket und Real Mary King's

Close. In New Town bieten die Princes Street Gardens, die Scottish National Gallery, Charlotte Square und georgianische Stadthäuser interessante Einblicke in die Kultur. Die Rundgänge sollten sowohl wichtige Sehenswürdigkeiten als auch ruhigere Straßen umfassen, um sowohl den historischen Kontext als auch die lokale Atmosphäre zu würdigen.

Abschluss

Ein Spaziergang durch Edinburghs Altstadt und Neustadt bietet eine praktische und intensive Möglichkeit, die Geschichte, Architektur und das tägliche Leben der Stadt zu erleben. Die richtige Vorbereitung – bequemes Schuhwerk, Beachtung von Höhenunterschieden, Aufmerksamkeit für Menschenmengen und Navigationshilfen – erhöht sowohl die Sicherheit als auch den Spaß. Durch das richtige Tempo beim Spaziergang, die Einhaltung lokaler Regeln und eine sorgfältige Routenplanung können Besucher wichtige Sehenswürdigkeiten schnell erreichen, versteckte Straßen erkunden und den Charakter Edinburghs voll und ganz erleben.

8.2 Öffentliche Verkehrsmittel

Überblick über den öffentlichen Nahverkehr der Stadt

Edinburghs öffentliches Verkehrssystem ist umfassend und bietet vielfältige Möglichkeiten, sich sowohl im Stadtzentrum als auch in den Außenbezirken fortzubewegen. Busse bilden das Rückgrat des Netzes und bedienen Strecken durch die Altstadt, die Neustadt und die Vororte. Das Lothian Buses-Netzwerk bietet regelmäßige Verbindungen, oft alle 10–15 Minuten auf den Hauptstrecken, mit Haltestellen in der Nähe wichtiger Sehenswürdigkeiten, Festivalgelände und Einkaufsstraßen. Fahrpläne und Streckenpläne sind online, über mobile Apps und an zentralen Busbahnhöfen verfügbar, sodass Besucher ihre Reise zwischen Aufführungen, Cafés und Sehenswürdigkeiten effizient planen können.

Busverkehr und praktische Nutzung

Busse sind kostengünstig und flexibel für Festivalbesucher, die an einem Tag mehrere Orte erreichen müssen. Einzelfahrkarten können an Bord kontaktlos oder bar gekauft werden, während Tages- oder Wochenkarten unbegrenzte Fahrten auf festgelegten Strecken ermöglichen, was für längere Festivalbesuche praktisch ist. Die Hauptstrecken verbinden wichtige Bereiche wie die Princes Street, die Royal Mile, Edinburgh Castle und Holyrood Park und decken so sowohl kulturelle als auch Freizeitziele ab. Einige Strecken können während der Festivalsaison aufgrund von Straßensperrungen oder Fußgängerzonen vorübergehend angepasst werden. Daher ist es wichtig, die aktuellen Fahrpläne zu prüfen.

Straßenbahnen für zentrale Verbindungen

Die Edinburgh Trams bieten eine zuverlässige Alternative für Reisen entlang einer festen Nord-Süd-Achse vom Flughafen Edinburgh ins Stadtzentrum und bis zum Küstenbezirk Newhaven. Straßenbahnen sind modern, barrierefrei und weniger von Verkehrsstaus betroffen als Busse. Haltestellen befinden sich an wichtigen Punkten wie Princes Street, York Place und Haymarket und ermöglichen eine direkte Anbindung an zentrale Festivalorte und Hotels. Straßenbahnfahrkarten sind an den Bahnhöfen, über mobile Apps oder an den Automaten erhältlich und bieten Optionen für Einzelfahrten, Tageskarten oder Kombitickets für den öffentlichen Nahverkehr. Dank der planbaren Fahrpläne eignen sich die Straßenbahnen auch für Besucher, die pünktlich zu Shows oder Führungen erscheinen müssen.

Bahnverkehr im Regionalverkehr

Die Bahnhöfe Edinburgh Waverley und Haymarket bieten Zugverbindungen zu Zielen in ganz Schottland und Nordengland. Obwohl sie hauptsächlich für den Regional- und Fernverkehr genutzt werden, können Züge auch für Festivalbesucher praktisch sein, die außerhalb des Stadtzentrums wohnen oder Tagesausflüge in nahegelegene Städte unternehmen möchten. Es gibt regelmäßige Verbindungen nach Stirling, Glasgow und Fife, wobei der Vorverkauf von Tickets kostengünstig ist. Die Bahnhöfe sind in der Regel gut mit Informationsschaltern, Fahrkartenautomaten und barrierefreien Einrichtungen ausgestattet, um einen reibungslosen Umstieg zwischen Bahn und Nahverkehr zu gewährleisten.

Taxis und Mitfahrgelegenheiten

Für flexible, direkte Fahrten stehen Taxis und Mitfahrdienste zur Verfügung. Lizenzierte Taxis können an ausgewiesenen Haltestellen angehalten oder telefonisch vorbestellt werden. App-basierte Dienste bieten bequeme Fahrten auf Abruf. Taxis eignen sich für Fahrten am Abend, den Transport von Gepäck oder die Anfahrt zu Orten, die nicht direkt von Bussen oder Straßenbahnen angefahren werden. Während der Festivalsaison kann die Nachfrage steigen. Daher sollten Sie Ihre Fahrten im Voraus planen oder für Spitzenzeiten zusätzliche Zeit einplanen, um pünktlich anzukommen.

Zugänglichkeit und Überlegungen

Edinburghs öffentliche Verkehrsmittel berücksichtigen unterschiedliche Mobilitätsbedürfnisse. Die Lothian-Busse verfügen über Niederflurbusse für Rollstühle und Kinderwagen, während die Straßenbahnen stufenlosen Zugang und Platz für Mobilitätshilfen bieten. Bahnhöfe und Haltestellen sind in der Regel gut ausgeschildert, einige ältere Haltestellen oder Haltestellen auf Straßenebene können jedoch eingeschränkt barrierefrei sein. Reisende mit eingeschränkter Mobilität sollten bei der Routenplanung barrierefreie Fahrzeuge, Einstiegspunkte und Bahnhofseinrichtungen bevorzugen.

Ticketing und Kosteneffizienz

Die Kombination verschiedener öffentlicher Verkehrsmittel optimiert Kosten und Komfort. Besucher- oder Tageskarten ermöglichen unbegrenzte Fahrten mit Bussen, Straßenbahnen und bestimmten Bahnlinien, sodass der Kauf einzelner Fahrkarten entfällt. Die Planung basierend auf der Nähe der Haltestellen zu Festivalorten, Hotels und Gastronomiebereichen sorgt für eine effiziente Nutzung der Reisezeit und minimiert gleichzeitig die Kosten. Als Zahlungsmethoden stehen kontaktlose Karten, mobile Geldbörsen, Bargeld und im Voraus gekaufte Tickets zur Verfügung. Echtzeit-Fahrpläne sind über mobile Apps zugänglich, sodass kurzfristige Anpassungen möglich sind.

Abschluss

Edinburghs öffentliches Verkehrssystem bietet während der Festivalsaison zuverlässige, flexible und kostengünstige Möglichkeiten, sich in der Stadt fortzubewegen. Busse decken umfangreiche Strecken durch die Altstadt und Neustadt ab, Straßenbahnen sorgen für schnelle Verbindungen ins Zentrum, Züge bieten regionalen Zugang und Taxis oder Mitfahrdienste ermöglichen direkte Fahrten von Ort zu Ort. Wenn Sie sich über Fahrpläne, Ticketoptionen und Barrierefreiheit informieren, können Sie reibungslos und praktisch zwischen Aufführungen, Restaurants und Attraktionen hin- und herfahren. So können Festivalbesucher ihre Zeit optimal nutzen und sich ohne unnötigen Stress vergnügen.

8.3 Taxis, Mitfahrgelegenheiten und private Mietwagen

Übersicht der Taxidienste

Taxis sind nach wie vor eine weit verbreitete und praktische Möglichkeit, sich in Edinburgh fortzubewegen, insbesondere für Besucher, die eine direkte Fahrt von einem Ort zum anderen bevorzugen. Lizenzierte Taxis, oft erkennbar an einem „Taxi"-Schild auf dem Dach und einem Taxameter im Inneren, sind in der ganzen Stadt verfügbar. Taxistände befinden sich an wichtigen Punkten wie der Waverley Station, der Haymarket Station und großen Hotels. Andere können auf der Straße angehalten werden, wenn das Schild leuchtet. Während der Festivalsaison steigt die Nachfrage deutlich an, insbesondere in der Nähe der Royal Mile, der Princes Street und der wichtigsten Veranstaltungsorte. Daher ist es ratsam, im Voraus zu planen oder zu reservieren.

Mitfahrplattformen

Mitfahrdienste sind in ganz Edinburgh verfügbar und bieten eine Alternative zum herkömmlichen Taxi. Über Apps können Nutzer direkt von ihrem Smartphone aus ein Fahrzeug anfordern, Ankunftszeiten verfolgen und elektronisch bezahlen. Die Mitfahrmöglichkeiten reichen von Standardfahrzeugen für kleine Gruppen bis hin zu größeren Fahrzeugen für Partys oder den Transport von Gepäck. Während der Festivalsaison kann es zu Spitzenzeiten, am späten Abend oder bei besonderen Veranstaltungen zu Preisspitzen kommen. Daher können Sie die Kosten im Auge behalten, indem Sie App-Benachrichtigungen verfolgen und Fahrten außerhalb der Stoßzeiten planen.

Privatvermietung und Minicabs

Private Mietfahrzeuge, darunter Minicabs und Chauffeurdienste, bieten vorab buchbare und auf individuelle Bedürfnisse zugeschnittene Transportmöglichkeiten. Diese Dienste können für Transfers vom und zum Flughafen Edinburgh, Fahrten zu Festivalorten oder Tagesausflüge außerhalb der Stadt arrangiert werden. Eine frühzeitige Buchung garantiert die Fahrzeugverfügbarkeit und ermöglicht es Reisenden, Wünsche wie

Kindersitze, Rollstuhlzugang oder eine größere Gruppengröße anzugeben. Private Mietfahrzeuge bieten oft Festpreise an, was die Unsicherheit im Vergleich zu Taxen mit Taxameter während der Festivalsaison verringert.

Überlegungen zur Barrierefreiheit

Viele Taxis, Mitfahrgelegenheiten und Mietwagen in Edinburgh sind für Fahrgäste mit eingeschränkter Mobilität ausgestattet. Rollstuhlgerechte Fahrzeuge, Fahrzeuge mit barrierefreiem Zugang und geschulte Fahrer sind über spezialisierte Dienste oder auf vorherige Anfrage verfügbar. Es wird empfohlen, die Barrierefreiheit bei der Buchung zu prüfen, insbesondere während der Festivalsaison, wenn die Nachfrage die Fahrzeugverfügbarkeit einschränken kann. Fahrgäste sollten außerdem sicherstellen, dass Abhol- und Bringpunkte barrierefrei sind, da einige historische Straßen und Festivalzonen nur eingeschränkt mit Fahrzeugen befahrbar sind.

Praktische Anwendung während der Festivalsaison

Taxis oder Mitfahrgelegenheiten können besonders vorteilhaft sein, wenn Sie mit schwerem Gepäck reisen, Abendvorstellungen besuchen oder zwischen weit verstreuten Festivalorten hin- und herfahren. Im Vergleich zu öffentlichen Verkehrsmitteln bieten sie Flexibilität und ermöglichen es Reisenden, Routen oder Fahrpläne an aktuelle Fahrplanänderungen anzupassen. Festivalbesucher sollten mit einem höheren Verkehrsaufkommen in zentralen Bereichen rechnen und zusätzliche Fahrzeit einplanen, um wichtige Orte zu erreichen, insbesondere in der Nähe von Edinburgh Castle, der Royal Mile und den Princes Street Gardens.

Kosten und Zahlungsoptionen

Taxis in Edinburgh sind gebührenpflichtig. Für Fahrten spät in der Nacht, Gepäck oder zusätzliche Passagiere fallen Zuschläge an. Mitfahr-Apps zeigen die voraussichtlichen Fahrpreise im Voraus an und bieten oft die Möglichkeit, den Fahrpreis für Gruppen aufzuteilen. Private Mietwagenanbieter bieten in der Regel Festpreise zum Zeitpunkt der Buchung an. Als Zahlungsmethoden stehen in der Regel Bargeld, Kartenzahlung oder eine App-basierte elektronische Zahlung zur Verfügung. Wenn Reisende diese Kosten im Voraus kennen, können sie ihr Budget genau planen und unerwartete Kosten während der Festivalsaison vermeiden.

Lokale Etikette und Sicherheit

Von den Fahrgästen wird erwartet, dass sie die üblichen Regeln befolgen, darunter die Bestätigung des Ziels mit dem Fahrer, das Anlegen des Sicherheitsgurts und einen respektvollen Umgang mit Fahrer und Fahrzeug. Trinkgeld ist üblich, aber nicht obligatorisch. In der Regel wird aufgerundet oder ein Zuschuss von 10 % für den Tischservice geleistet. Aus Sicherheitsgründen wird empfohlen, lizenzierte Taxis, seriöse Mitfahr-Apps oder etablierte private Mietwagenunternehmen zu nutzen. Vermeiden Sie nicht gekennzeichnete Fahrzeuge und bestätigen Sie die Angaben zum Fahrer, um eine sichere Reise zu gewährleisten.

Abschluss

Taxis, Mitfahrgelegenheiten und private Mietwagendienste bieten in Edinburgh zuverlässige, flexible und praktische Transportmöglichkeiten und ergänzen das Gehen und den öffentlichen Nahverkehr. Besonders während der Festivalsaison sind sie nützlich für die direkte Fahrt zwischen Veranstaltungsorten, Abendveranstaltungen oder für Fahrten, bei denen Komfort und Bequemlichkeit gefragt sind. Die Kenntnis von Erreichbarkeit, Kosten, Spitzenlast und lokaler Etikette gewährleistet eine reibungslose, sichere und effiziente Nutzung dieser Transportmöglichkeiten, sodass sich Festivalbesucher ohne unnötigen Stress auf die Aufführungen, das Essen und die Stadterkundung konzentrieren können.

8.4 Radfahren und umweltfreundlicher Verkehr

Überblick zum Radfahren in der Stadt

Radfahren ist zu einem immer praktischeren und effizienteren Fortbewegungsmittel in Edinburgh geworden, insbesondere während der Festivalsaison, wenn die Straßen stark befahren und Parkplätze knapp sind. Die Stadt hat in ein Netz aus Radwegen, verkehrsberuhigten Straßen und speziellen Radrouten investiert, die wichtige Gebiete wie die Altstadt, die Neustadt, Leith und die Meadows miteinander verbinden. Diese

Routen ermöglichen es Radfahrern, sich zwischen Veranstaltungsorten, Sehenswürdigkeiten, Cafés und Unterkünften zu bewegen, ohne auf Autos oder Busse angewiesen zu sein, was sowohl Komfort als auch Flexibilität bietet.

Fahrradverleih-Optionen

Für Besucher ohne eigenes Fahrrad stehen zahlreiche Fahrradverleihe zur Verfügung. Städtische Fahrradverleihsysteme, darunter mit und ohne Station, ermöglichen es Reisenden, Fahrräder an verschiedenen Orten in der Stadt auszuleihen und wieder abzugeben. Verleihstationen befinden sich üblicherweise in der Nähe der Waverley Station, des Haymarket, der Princes Street und beliebter Festivalzonen. Die Miete erfolgt in der Regel nach Zeitaufwand, mit Stunden- oder Tagessätzen, und viele Anbieter bieten Helme, Schlösser und Beleuchtung als Teil des Pakets an. Eine frühzeitige Buchung, insbesondere im August, sichert die Verfügbarkeit während der Festival-Hochsaison.

Elektrofahrräder und -roller

Elektrofahrräder und -roller bieten zusätzliche Optionen für alle, die schneller vorankommen oder Unterstützung in steilem Gelände suchen. Die Hügel Edinburghs, insbesondere rund um die Altstadt und Calton Hill, können für traditionelle Radfahrer eine Herausforderung darstellen. E-Bikes reduzieren die körperliche Belastung und machen längere Strecken leichter zu bewältigen, während E-Scooter für kurze Fahrten und entspannte Erkundungen geeignet sind. Beide Fahrzeugtypen sind oft im Mietservice enthalten und bieten klare Hinweise zu Routen, Verkehrsregeln und Sicherheitsanforderungen.

Spezielle Radwege und Sicherheit

Die Stadt bietet markierte Radwege und gemeinsame Fußgänger- und Radwege. Beliebte Routen sind die entlang der Princes Street Gardens, des Union Canal und der Meadows. Radfahrer sollten auf Fußgänger, Straßenbahnschienen und Ampeln achten, da gemeinsame Bereiche Gefahren bergen können. Helme werden dringend empfohlen, auch wenn sie nicht gesetzlich vorgeschrieben sind. Reflektierende Kleidung oder Lichter verbessern die Sichtbarkeit am frühen Morgen, am Abend oder bei Regen. Die Beschilderung der Radwege ist in der Regel klar, aber Karten oder mobile Navigationssysteme können helfen, sicherere und effizientere Routen zu planen.

Integration mit dem öffentlichen Verkehr

Fahrräder können für längere Fahrten oft in den öffentlichen Nahverkehr integriert werden. Einige Buslinien erlauben Falträder, und ScotRail-Züge bieten spezielle Fahrradabstellplätze, sodass Besucher Radfahren und Bahnfahren auch außerhalb des Stadtzentrums kombinieren können. In den Edinburgher Straßenbahnen sind derzeit zu Stoßzeiten keine Fahrräder in voller Größe mitgeführt, daher können alternative

Vorkehrungen erforderlich sein. Eine gute Planung gewährleistet einen reibungslosen Wechsel zwischen den Verkehrsmitteln und maximiert die Effizienz.

Umweltfreundliche Alternativen

Neben Fahrrädern und E-Scootern fördert Edinburgh umweltfreundliche Fortbewegung durch Fußgänger, gemeinsame Verkehrsmittel und begrenzte autofreie Zonen auf dem Festivalgelände. Diese Initiativen reduzieren Staus, verbessern die Luftqualität und fördern nachhaltiges Reisen während der Festivalsaison. Die Nutzung dieser Alternativen, insbesondere in stark frequentierten Fußgängerzonen wie der Royal Mile, minimiert Störungen der Festivallogistik und verbessert das Gesamterlebnis für Besucher und Einheimische.

Praktische Tipps für Festivalreisende

Besucher, die mit dem Fahrrad oder umweltfreundlichen Verkehrsmitteln anreisen, sollten Parkplätze, Anlegestellen und sichere Abstellmöglichkeiten berücksichtigen. Viele Verleihsysteme bieten App-basierte Verfügbarkeitsaktualisierungen und sichere Abgabestellen. Die Planung der Fahrten, um Fußgängerspitzen zu vermeiden und die Planung mit den Vorstellungsplänen abzustimmen, sorgt für Effizienz. Für längere Strecken oder ausgedehnte Erkundungen empfiehlt es sich, wichtige Dinge wie ein Schloss, ein kleines Reparaturset und Wasser mitzuführen.

Abschluss

Radfahren und umweltfreundliche Verkehrsmittel bieten praktische, flexible und nachhaltige Möglichkeiten, sich während der Festivalsaison in Edinburgh fortzubewegen. Mit speziellen Routen, Mietoptionen, Alternativen zu Elektrofahrzeugen und der Anbindung an den öffentlichen Nahverkehr können Besucher effizient zwischen Veranstaltungsorten, Attraktionen und Unterkünften reisen. Sicherheitsbewusstsein, Routenplanung und die Einhaltung lokaler Verkehrsregeln sorgen für ein sicheres und effektives Erlebnis. So können Reisende die Festivalteilnahme maximieren und gleichzeitig die Umweltbelastung und den städtischen Verkehr minimieren.

Kapitel 9 – Tagesausflüge von Edinburgh aus

9.1 Stirling und sein Schloss

Stirlings strategische Bedeutung

Stirling liegt etwa 60 Kilometer nordwestlich von Edinburgh und diente historisch als strategisches Tor zwischen den schottischen Highlands und Lowlands. Seine Bedeutung verdankt die Stadt ihrer Lage auf einem Vulkanfelsen mit herrlichem Blick auf die umliegenden Ebenen und Flussübergänge. Für Besucher ist Stirling sowohl ein historisches als auch ein praktisches Tagesausflugsziel und bietet Einblicke in Schottlands mittelalterliche Politik, Militärgeschichte und Stadtentwicklung.

Stirling Castle Übersicht

Das Schloss ist das Herzstück der Stadt und eine der bedeutendsten historischen Festungen Schottlands. Es wurde über mehrere Jahrhunderte erbaut und umgebaut und diente als königliche Residenz, Militärstützpunkt und Verwaltungszentrum. Seine Architektur spiegelt mehrere Epochen wider, darunter auch Einflüsse der Renaissance, und bietet die Möglichkeit, Bautechniken, Verteidigungsanlagen und königliche Unterkünfte aus erster Hand zu beobachten. Zu den Innenräumen gehören Staatsgemächer, die Große Halle, Kapellenruinen und Ausstellungsräume mit historischen Artefakten und informativen Exponaten.

Zugang und Standort

Stirling Castle liegt zentral auf dem Castle Hill, der die Stadt dominiert. Es ist vom Stadtzentrum Stirlings aus zu Fuß über eine Reihe von Treppen und Rampen oder mit dem Auto erreichbar. Parkplätze stehen in der Nähe zur Verfügung. Die Anbindung an die öffentlichen Verkehrsmittel von Edinburgh aus ist unkompliziert: Züge fahren regelmäßig von Edinburgh Waverley zum Bahnhof Stirling, der etwa 10–15 Gehminuten vom Schloss entfernt liegt. Busse sind eine etwas längere, aber bequemere Alternative. Eine klare Beschilderung führt Besucher vom Bahnhof zum Schloss, und lokale Karten zeigen weitere Sehenswürdigkeiten in der Altstadt von Stirling.

Öffnungszeiten und Ticketverkauf

Das Schloss öffnet in der Regel morgens und schließt am späten Nachmittag. Diese Öffnungszeiten können saisonal variieren. Tickets können vor Ort, online oder über Besucherpakete von Drittanbietern erworben werden. Der Preis beinhaltet den Zugang zu allen Hauptbereichen, Ausstellungen und Führungen. Ermäßigungen gibt es für Kinder, Studenten und Senioren. Audioguides und gedruckte Materialien bereichern das Erlebnis für diejenigen, die eine selbstgesteuerte Erkundung bevorzugen.

Hauptmerkmale

Zu den Hauptattraktionen von Stirling Castle zählen die Große Halle, die Königliche Kapelle, die Palastküchen und die Gemächer des Königspalastes. Alle wurden sorgfältig restauriert, um die historische Nutzung widerzuspiegeln. Die Burgmauern und Zinnen bieten einen Panoramablick auf die Stadt, die umliegenden Flüsse und die nahegelegenen Hügel. In den Innenhöfen finden oft Nachstellungen, Vorführungen oder Wechselausstellungen statt, die historischen Erzählungen einen praktischen Kontext verleihen. Lehrreiche Ausstellungen behandeln das schottische Königshaus, Militärkampagnen und die Stadtgeschichte mit Artefakten von Rüstungen und Waffen bis hin zu Manuskripten und Dekorationsgegenständen.

Besucherservice

Das Schloss bietet verschiedene praktische Dienstleistungen: einen Souvenirladen mit lokal hergestellten Produkten, ein Café mit leichten Mahlzeiten und Getränken,

Toiletten und barrierefreie Wege für Besucher mit eingeschränkter Mobilität. Die Mitarbeiter geben Wegbeschreibungen, Informationen und Tipps zur Kombination eines Besuchs mit anderen Sehenswürdigkeiten in Stirling, wie dem National Wallace Monument oder den historischen Straßen der Altstadt. Temporäre Ausstellungen oder Themenführungen erfordern möglicherweise eine Voranmeldung. Es wird daher empfohlen, die Fahrpläne vor der Ankunft zu überprüfen.

Sehenswürdigkeiten
Jenseits der Burg bietet Stirlings Altstadt historische Straßen, kleine Museen und öffentliche Plätze. Das National Wallace Monument auf Abbey Craig erinnert an William Wallace und bietet einen steilen, aber machbaren Aufstieg mit Panoramablick. Zu den gastronomischen Einrichtungen zählen Cafés und gemütliche Restaurants mit traditioneller schottischer Küche, die sich gut für eine Mittagspause vor der Rückfahrt nach Edinburgh eignen. Öffentliche Plätze, Gärten und Flusspromenaden bieten zusätzliche kurze Ausflugsmöglichkeiten für diejenigen, die einen gemütlichen Besuch bevorzugen.

Reisehinweise
Ein Tagesausflug nach Stirling ist mit öffentlichen Verkehrsmitteln oder einem privaten Mietwagen möglich. Die Zugfahrt dauert etwa 50 Minuten pro Strecke und eignet sich daher für die Abfahrt am Morgen und die Rückfahrt am Nachmittag. Festivalbesucher sollten zusätzliche Zeit für das Anstehen an den Tickets, den Fußweg zwischen den Sehenswürdigkeiten und die Möglichkeit einplanen, die Burg in gemächlichem Tempo zu erkunden. Die Wetterbedingungen können den Gehkomfort und die Sicht von den Zinnen aus beeinträchtigen. Daher werden mehrere Schichten Kleidung und festes Schuhwerk empfohlen.

Abschluss
Stirling und sein Schloss bieten einen strukturierten, historisch reichen Tagesausflug ab Edinburgh. Mit barrierefreien Transportmöglichkeiten, einer Vielzahl von Ausstellungen und einem weiten Blick auf die umliegende Region verbindet es kulturellen, lehrreichen und praktischen Wert für Festivalbesucher. Die Planung der Transportpläne, der Öffnungszeiten des Schlosses und der Dienstleistungen vor Ort gewährleistet einen effizienten und lohnenden Besuch und lässt gleichzeitig ausreichend Zeit, sowohl das Schloss selbst als auch die umliegende historische Landschaft von Stirling zu genießen.

9.2 Loch Lomond und The Trossachs

Der Loch-Lomond-and-the-Trossachs-Nationalpark liegt etwa 110 Kilometer nordwestlich von Edinburgh und ist eines der am besten von der Stadt aus erreichbaren Naturgebiete Schottlands. Der Park erstreckt sich über ein weitläufiges Gebiet mit Seen,

Hügeln und Wäldern und bietet Besuchern eine Kombination aus Wassersportaktivitäten, Wanderwegen und malerischen Fahrten. Obwohl es sich in erster Linie um ein Naturgebiet und nicht um eine einzelne Attraktion handelt, bietet er strukturierte Zugänge und Besucherzentren, die Tagesausflüge für Reisende ermöglichen, die sowohl Entspannung als auch praktische Besichtigungen suchen.

Loch Lomond Übersicht

Loch Lomond selbst ist Schottlands flächenmäßig größter Süßwassersee und erstreckt sich über 37 Kilometer. Der See wird von Dörfern wie Balloch an der Südspitze und Luss am Westufer flankiert, die alle Ausgangspunkte für Wanderungen, Bootsfahrten und Besichtigungen bieten. Die ruhigeren südlichen Gewässer des Sees eignen sich für kurze Kreuzfahrten oder Fähren, während die nördlichen Gebiete ein raueres Gelände mit Wanderwegen entlang der Ufer und der nahegelegenen Hügel aufweisen. Die Erreichbarkeit ist mit dem Auto oder einer organisierten Tour relativ einfach. An wichtigen Punkten stehen Parkplätze zur Verfügung und Fährverbindungen fahren von den größeren Dörfern ab.

Die Trossachs-Region

Die Trossachs, direkt an Loch Lomond angrenzend, bestehen aus sanften Hügeln, bewaldeten Tälern und kleineren Seen. Die Wanderwege reichen von kurzen, flachen Rundwegen in der Nähe von Besucherzentren bis hin zu längeren Wanderungen entlang von Bergrücken und durch Täler. Das Gebiet ist ideal für Reisende, die strukturierten Zugang zu Naturlandschaften ohne Spezialausrüstung wünschen. Besucherzentren bieten Karten, Weginformationen und Hinweise zu den jahreszeitlichen Bedingungen und sorgen so für eine sichere und praktische Erkundung. Zu den wichtigsten Punkten zählen Loch Katrine, das per Boot oder zu Fuß erreichbar ist, und die Region Aberfoyle, die für ihre malerischen Fahrten und gut gepflegten Wege bekannt ist.

Zugang und Transport

Reisende können Loch Lomond und The Trossachs mit dem Auto, organisierten Busreisen oder der Bahn erreichen. Mit dem Auto dauert die Fahrt von Edinburgh über die M9 und A82 je nach Verkehr etwa 1 Stunde und 45 Minuten. Bahnverbindungen umfassen Verbindungen von Edinburgh Waverley nach Balloch oder zu nahegelegenen Bahnhöfen, gefolgt von kurzen Fußwegen oder lokalen Bussen zu wichtigen Punkten entlang des Sees. Organisierte Touren kombinieren oft Transport mit geführten Aktivitäten und bieten so eine praktische Option für Besucher, die sich in der Gegend nicht auskennen. Eine klare Beschilderung entlang der A82 und in den Städten erleichtert die Navigation und weist auf Parkplätze, Ausgangspunkte für Wanderwege und Besuchereinrichtungen hin.

Aktivitäten und praktisches Engagement

Besucher können die Region durch eine Vielzahl von Aktivitäten erkunden, die jeweils Zeit, Ausrüstung und saisonale Faktoren berücksichtigen müssen. Bootstouren auf dem Loch Lomond bieten strukturierte Besichtigungen mit wenig Fußmarsch, während die Wanderwege in den Trossachs von gemütlichen Rundwegen bis hin zu anspruchsvolleren Anstiegen reichen. Einige Wege, insbesondere in den nördlichen Gebieten, können unebenes Gelände, felsige Pfade und steile Anstiege aufweisen, daher sind geeignetes Schuhwerk und Kleidung unerlässlich. Besucherzentren bieten Informationen zu den örtlichen Gegebenheiten, Richtlinien zum Schutz der Tierwelt und saisonalen Schwankungen und helfen Reisenden so bei der Planung sicherer und effizienter Reiserouten.

Hauptmerkmale

Loch Lomond bietet Wassererlebnisse, Ausblicke auf die umliegenden Hügel und Zugang zu kleinen Dörfern mit grundlegenden Annehmlichkeiten und Verpflegungsmöglichkeiten. Die Trossachs bieten Wanderwege, bewaldete Täler und kleinere Seen wie Loch Achray und Loch Katrine. Ausgeschilderte Wege und Besucherzentren informieren über die lokale Geschichte, Geologie und praktische Navigation und ermöglichen Besuchern, sowohl natürliche als auch kulturelle Elemente zu erleben.

Besucherservice

Zu den Dienstleistungen gehören Besucherzentren mit Karten, Toiletten, Cafés und Parkplätzen. Bootsführer und ortskundige Reiseführer bieten strukturierte Erlebnisse für diejenigen, die sich nicht so sicher auf eigenen Beinen stehen. Öffentliche Verkehrsmittel von Bahnhöfen oder Bushaltestellen ergänzen die Autoanbindung, und saisonale Fahrpläne geben Auskunft darüber, wann Tagesausflüge möglich sind. Lokale Cafés, Picknickplätze und Geschäfte bieten praktische Verpflegung, und Schilder geben Hinweise zu Wanderdauer und Schwierigkeitsgrad.

Reisehinweise

Reisende sollten ihre Abreise so planen, dass möglichst viel Tageslicht zur Verfügung steht, insbesondere im Spätsommer oder Frühherbst, wenn sich das Wetter schnell ändern kann. Für kurze und längere Wanderungen empfehlen wir Kleidung in mehreren Schichten, wasserdichte Ausrüstung und festes Schuhwerk. Die Kenntnis der Rückfahrzeiten von Bus und Bahn sorgt dafür, dass Tagesausflüge effizient durchgeführt werden können. Eine frühzeitige Buchung von Bootstouren oder organisierten Erlebnissen verringert das Risiko begrenzter Verfügbarkeit in der Hochsaison.

Abschluss

Loch Lomond und The Trossachs bieten eine praktische, strukturierte Tagesausflugsoption ab Edinburgh, die Naturlandschaften mit barrierefreien Wander- und Wasseraktivitäten kombiniert. Klare Zugangspunkte, Transportmöglichkeiten, Besucherservices und gut gepflegte Wanderwege ermöglichen Reisenden, malerische Ausblicke und Outdoor-Aktivitäten an einem einzigen Tag zu erleben. Die Planung von Routen, Transport und Ausrüstung sorgt für einen reibungslosen und effizienten Besuch und ermöglicht gleichzeitig die Wertschätzung der einzigartigen Landschaften und Einrichtungen der Region.

9.3 St. Andrews und die Ostküste von Neuk

St. Andrews liegt etwa 80 Kilometer nordöstlich von Edinburgh an der Küste von Fife und ist als schottische Golfstadt und Universitätsstadt historisch und kulturell bedeutsam. Das kompakte Stadtzentrum ist fußgängerfreundlich und bietet eine Mischung aus mittelalterlichen Straßen, Universitätsgebäuden und Küstenblicken. Dank der guten Verkehrsanbindung und der vielen Attraktionen eignet sich St. Andrews sowohl für Gelegenheitsbesucher als auch für Kulturinteressierte und Küstenliebhaber.

Wichtige Sehenswürdigkeiten in St. Andrews

Die Hauptattraktion der Stadt sind die historischen Golfplätze, darunter der international bekannte Old Course, für den eine Reservierung oder frühzeitige Anreise erforderlich ist. Neben Golf bieten die Ruinen der St. Andrews Cathedral und des St. Andrews Castle Einblicke in die mittelalterliche schottische Kirchen- und Militärarchitektur. Die 1413 gegründete Universität bietet mit mehreren zugänglichen öffentlichen Gebäuden, Museen und Gärten eine historische Kulisse. In den kleinen

Straßen reihen sich Cafés, Bäckereien und Geschäfte aneinander, die sich ideal für eine Mahlzeit oder Erfrischung eignen.

Zugang und Standort

St. Andrews ist von Edinburgh aus mit dem Auto, Bus oder Zug erreichbar. Mit dem Auto dauert die Fahrt über die M90 und A91 in der Regel etwa 1 Stunde und 20 Minuten. Busse verkehren regelmäßig zwischen Edinburghs Stadtzentrum und St. Andrews, oft abgestimmt auf Tagesausflügler, und verbinden die umliegenden Dörfer entlang der Küste von East Neuk. Die Zugverbindungen sind weniger direkt und erfordern einen Umstieg am Bahnhof Leuchars, etwa drei Kilometer von St. Andrews entfernt. Von dort aus können Sie mit dem Bus oder Taxi weiterfahren. Parkmöglichkeiten sind im Stadtzentrum begrenzt, insbesondere während der Hauptreisezeit oder zu Festivalzeiten. Daher ist die Nutzung öffentlicher Verkehrsmittel oder eine frühzeitige Parkplanung ratsam.

Überblick zu East Neuk Coast

Die Küste von East Neuk liegt südöstlich von St. Andrews und besteht aus einer Reihe kleiner Fischerdörfer, darunter Anstruther, Pittenweem und Crail. Diese Dörfer sind durch eine Küstenstraße mit zahlreichen Aussichtspunkten, Häfen und Wanderwegen verbunden. Die Gegend eignet sich für kurze Autofahrten, Radtouren oder Küstenwanderungen und ist eine praktische Ergänzung zu einem Besuch in St. Andrews. In den Fischereihäfen gibt es Arbeitsschiffe und kleine Fischläden, sodass Besucher die lokale Industrie beobachten und frische Produkte kaufen können.

Aktivitäten und Erlebnisse

Besucher können historische Erkundungen mit Outdoor-Aktivitäten verbinden. Bei Spaziergängen entlang der Küstenwege oder durch Dorfstraßen lernen Sie die traditionellen schottischen Fischergemeinden kennen, während Hafencafés und Fischrestaurants bequeme Verpflegungsmöglichkeiten bieten. In St. Andrews selbst können Besucher Burgruinen, das Gelände der Kathedrale und Golfplätze besichtigen oder an Führungen durch die Universität oder Museen teilnehmen. Saisonale Veranstaltungen, darunter lokale Feste oder Golfturniere, können den Besucherstrom beeinflussen. Daher ist eine reibungslose Planung durch die Überprüfung der Zeitpläne gewährleistet.

Hauptmerkmale

St. Andrews bietet architektonisches Erbe, malerische Küstenansichten und Golf-Sehenswürdigkeiten. Zu den wichtigsten Sehenswürdigkeiten zählen der Old Course, die Ruinen der St. Andrews Cathedral, St. Andrews Castle und das Universitätsgelände. Die Dörfer in East Neuk bieten Hafenspaziergänge, Kunsthandwerksläden und praktische Verpflegungsmöglichkeiten. Die Küstenwanderwege variieren in ihrem Schwierigkeitsgrad, sind aber im Allgemeinen für die meisten Besucher geeignet. Beschilderungen und Karten sind in Besucherzentren oder online erhältlich.

Besucherservice

Die Stadt bietet zahlreiche Dienstleistungen für Besucher, darunter Touristeninformationszentren, öffentliche Toiletten, Cafés und kleine Geschäfte. Die Häfen in den Dörfern von East Neuk bieten Parkplätze, Sitzgelegenheiten und Informationstafeln zur lokalen Geschichte und maritimen Aktivitäten. Saisonale Bootstouren starten von ausgewählten Dörfern aus und bieten kurze Ausflüge entlang der Küste. Lokale Buslinien und Taxis ermöglichen eine bequeme Fortbewegung zwischen St. Andrews und den umliegenden Dörfern. Um Enttäuschungen zu vermeiden, wird eine Voranmeldung für Golfaktivitäten, Führungen oder Bootsfahrten empfohlen.

Reisehinweise

Tagesausflüge von Edinburgh nach St. Andrews und East Neuk erfordern sorgfältige Planung, um die Zeit optimal zu nutzen. Bei morgendlichen Abfahrten bleiben Sie mehrere Stunden in St. Andrews, bevor Sie die Küstenroute fortsetzen. Die Wetterbedingungen können Küstenwanderungen und Hafenbesuche beeinträchtigen. Daher empfehlen wir Ihnen, mehrere Schichten Kleidung, wasserdichte Ausrüstung und bequeme Wanderschuhe zu tragen. Reisen mit dem Auto bieten die größte Flexibilität, während Sie bei öffentlichen Verkehrsmitteln die Rückfahrzeiten kennen sollten, insbesondere in kleineren Dörfern mit weniger häufigen Verbindungen.

Abschluss

St. Andrews und die Küste von East Neuk bieten eine gut strukturierte und gut erreichbare Tagesausflugsmöglichkeit von Edinburgh aus. Sie verbinden historische Architektur, akademisches und Golferbe mit malerischen Küstendörfern. Übersichtliche Transportmöglichkeiten, Besucherservices und gut markierte Wanderwege sorgen für ein praktisches Erlebnis. Durch sorgfältige Planung von Reise, Aktivitäten und Zeiteinteilung können Besucher sowohl den historischen Stadtkern als auch die umliegende Küstenlandschaft effizient erleben und so einen ausgewogenen und überschaubaren Tagesausflug gestalten.

9.4 Die Scottish Borders: Abteien und Hügel

Die Region Scottish Borders liegt südlich von Edinburgh bis zur englischen Grenze und ist geprägt von sanften Hügeln, Flüssen, historischen Städten und mittelalterlichen Abteien. Sie bietet Reisenden eine Mischung aus Kulturdenkmälern, ländlichen Landschaften und kulturellen Sehenswürdigkeiten in einer überschaubaren Tagesausflugsdistanz. Die Region eignet sich am besten für Besucher, die sich eher mit historischer Architektur, leichten Spaziergängen und der Erkundung lokaler Dörfer beschäftigen möchten als mit intensiven Wanderungen oder ausgedehnten Naturerkundungen.

Wichtige historische Stätten

Die Borders sind bekannt für ihre Abteien, die zu den bedeutendsten historischen Bauwerken der Region zählen. Ein besonderes Highlight ist die Melrose Abbey mit ihren kunstvollen Steinmetzarbeiten, Kreuzgängen und Gräbern mit Verbindungen zum schottischen Königshaus. Die nahegelegene Dryburgh Abbey bietet eine ruhigere, teilweise restaurierte Umgebung mit Spazierwegen am Flussufer und gepflegten Anlagen. Die Jedburgh Abbey mit ihrer Mischung aus romanischer und gotischer

Architektur ist ein weiterer gut zugänglicher Ort für Reisende, die sich für Kirchengeschichte interessieren. Jede Abtei verfügt in der Regel über informative Beschilderungen, kleine Besucherzentren und praktische Annehmlichkeiten wie Toiletten und Cafés.

Zugang und Transport

Die Scottish Borders sind mit dem Auto, Bus und eingeschränktem Bahnverkehr erreichbar. Von Edinburgh aus beträgt die Autofahrt nach Melrose über die A7 etwa 88 Kilometer und dauert etwa 1 Stunde und 15 Minuten. Busse verkehren von Edinburgh in größere Städte wie Melrose, Jedburgh und Galashiels, wobei die Taktfrequenz an Wochenenden und Feiertagen geringer sein kann. Züge verbinden Edinburgh mit Tweedbank in der Nähe von Melrose und bieten somit eine Alternative für Reisende, die öffentliche Verkehrsmittel bevorzugen. In der Region angekommen, stehen lokale Busse oder Taxis zur Verfügung, um einzelne Abteien und Dörfer zu erreichen. Die Beschilderung entlang der Hauptverkehrsstraßen ist deutlich zu erkennen und weist Besucher zu Parkplätzen, Besuchereingängen und nahegelegenen Sehenswürdigkeiten.

Aktivitäten und Engagement

Besucher können die Erkundung des Kulturerbes mit leichten Outdoor-Aktivitäten verbinden. Ein Spaziergang durch die Klosterruinen gewährt Einblicke in die historische Architektur, während das angrenzende Gelände und die Wanderwege zu kurzen Wanderungen oder Spaziergängen am Flussufer einladen. Einige Stätten bieten Führungen oder Informationsmaterial zu historischen, kulturellen und architektonischen Aspekten an. Fotografieren und stilles Beobachten sind beliebte Aktivitäten, da die Abteien in der Regel ruhige, besinnliche Orte bieten. Besucher können auch die umliegenden Dörfer erkunden, in denen es oft kleine Läden, Bäckereien und Märkte mit regionalen Produkten gibt.

Hauptmerkmale

Die Abteien der Scottish Borders bieten praktische historische Einblicke, markante architektonische Elemente und eine malerische Umgebung. Melrose Abbey beherbergt das Herzgrab von Robert the Bruce und kunstvolle mittelalterliche Schnitzereien. Die Lage von Dryburgh Abbey am Flussufer bietet einen ruhigen Kontrast zu belebteren Sehenswürdigkeiten. Jedburgh Abbey besticht durch eine Mischung normannischer und gotischer Elemente und ist vom Stadtzentrum aus nach einem kurzen Spaziergang erreichbar. Neben den Abteien ergänzen die sanften Hügel, Steinbrücken und Flüsse der Region die kulturelle Erkundung und bieten einen visuellen Kontext zur ländlichen Geschichte Schottlands.

Reisehinweise

Tagesausflüge in die Scottish Borders lassen sich am besten mit einem klaren Reiseplan unternehmen, insbesondere wenn mehrere Abteien besucht werden oder historische und natürliche Erkundungen kombiniert werden. Das Wetter kann sich in ländlichen Gebieten schnell ändern, daher empfehlen wir mehrere Schichten Kleidung und wasserdichte Ausrüstung. Für unebene Wege und Kopfsteinpflaster ist bequemes Schuhwerk erforderlich. Reisende, die öffentliche Verkehrsmittel nutzen, sollten sich vorab über Bus- oder Zugfahrpläne informieren, da die Verbindungen in kleinere Städte eingeschränkt sein können. Eine gute Planung ermöglicht eine effiziente Reise zwischen den Sehenswürdigkeiten und stellt sicher, dass Besucher an einem Tag sowohl die Abteien als auch die umliegende Landschaft erleben können.

Abschluss

Die Scottish Borders bieten eine praktische und kulturell reiche Tagesausflugsmöglichkeit ab Edinburgh. Sie kombinieren Klosterbesuche, überschaubare Wanderwege und malerische Landschaften. Gute Verkehrsanbindungen, Besucherservices und strukturierte Wege machen die Region zugänglich und besucherfreundlich. Durch die frühzeitige Planung von Routen, Zeitplanung und Transport können Reisende historische Stätten intensiv erkunden und die umliegenden Hügel und Dörfer genießen – ein ausgewogenes und informatives Tagesausflugserlebnis.

9.5 Tagesausflüge ins Hochland von der Stadt aus

Die schottischen Highlands liegen mehrere Stunden nordwestlich von Edinburgh und sind Schottlands bekannteste Bergregion. Eine umfassende Erkundung erfordert zwar mehrere Tage, doch sorgfältig geplante Tagesausflüge von Edinburgh aus ermöglichen einen strukturierten Zugang zu ausgewählten Highland-Landschaften, Seen und Städten. Diese Reisen eignen sich am besten für Reisende, die Natur, kulturelle Sehenswürdigkeiten und praktische Outdoor-Aktivitäten ohne Übernachtungsmöglichkeit suchen.

Wichtige Ziele
Beliebte Tagesausflugsziele in den Highlands sind Glencoe, Loch Ness und die südlichen Ausläufer des Cairngorms-Nationalparks. Glencoe bietet dramatische Täler und steile Hügel, die von gut ausgebauten Straßen und kurzen Wanderwegen aus sichtbar sind. Loch Ness wird zwar oft mit seiner legendären Kreatur in Verbindung gebracht, wird

aber auch für seine gut zugänglichen Ufer, die Ruinen von Urquhart Castle und die einfachen Wanderwege entlang des Sees geschätzt. Der Cairngorms-Nationalpark bietet gut zugängliche Aussichtspunkte, Besucherzentren und kurze Wanderwege, die sich für Tagesausflüge eignen. Alle Sehenswürdigkeiten sind mit geführten Touren, Mietwagen oder organisierten Busverbindungen erreichbar, sodass Reisende die Highlands sicher und effizient erkunden können.

Zugang und Transport

Ausflüge in die Highlands ab Edinburgh erfolgen aufgrund der Entfernungen in der Regel entweder über organisierte Touren oder mit dem privaten Auto. Mit dem Auto erreichen Sie Ziele wie Glencoe etwa 225 Kilometer nordwestlich, die Fahrt dauert etwa drei Stunden pro Strecke. Busreisen starten frühmorgens im Stadtzentrum von Edinburgh und kehren abends zurück. Sie bieten einen strukturierten Reiseplan mit Stopps an wichtigen Aussichtspunkten, Städten und Sehenswürdigkeiten. Einige Städte in den Highlands wie Inverness oder Aviemore sind per Bahn erreichbar, für einen Tagesausflug sind diese Optionen jedoch aufgrund der längeren Fahrzeiten und der eingeschränkten Anbindung an öffentliche Verkehrsmittel weniger praktikabel.

Aktivitäten und praktisches Engagement

Tagesausflüge in die Highlands konzentrieren sich auf strukturierte Besichtigungen, leichte Wanderungen und fotografische Beobachtungen. Kurze Wanderwege entlang von Seen oder in Tälern sind in der Regel gut zu bewältigen, während einige Aussichtspunkte steilere Pfade erfordern, die eine mäßige Fitness erfordern. Zu den wichtigsten Aktivitäten gehören Wanderungen entlang der Talsohle, der Besuch von Burgruinen und Stopps in Highland-Städten für Erfrischungen oder kurze kulturelle Erlebnisse. Erläuternde Beschilderungen, Besucherzentren und geführte Kommentare auf Busreisen vermitteln historischen und ökologischen Kontext und ermöglichen ein praktisches Verständnis der Landschaften und ihrer Bedeutung.

Hauptmerkmale

Bei Ausflügen in die Highlands entdecken Sie dramatische Täler, Hochland-Sees, Burgruinen und ländliche Dörfer. Glencoe bietet steile Täler und Flüsse mit deutlich markierten Aussichtspunkten für kurze, praktische Spaziergänge. Loch Ness verbindet Naturlandschaften mit historischen Stätten wie Urquhart Castle, das über Parkplätze, kurze Wanderwege und erklärende Ausstellungen einen strukturierten Zugang bietet. Der Cairngorms-Nationalpark besticht durch bewaldete Hügel, Flusstäler und Besucherzentren mit Karten, Sicherheitshinweisen und Einrichtungen. Diese Merkmale sind in die Reiserouten integriert, um ein sinnvolles Erlebnis innerhalb eines begrenzten Zeitrahmens zu ermöglichen.

Besucherservice

Zu den Einrichtungen entlang der Highland-Routen gehören Besucherzentren, Cafés, Toiletten, Parkplätze und Hinweisschilder. Geführte Touren beinhalten oft strukturierte Pausen, lokale Kommentare und vorab vereinbarten Zugang zu den Sehenswürdigkeiten. Für Selbstfahrer helfen Karten, mobile Navigations-Apps und lokale Informationstafeln bei der Routenplanung, der Identifizierung kurzer Wanderwege und der Suche nach Annehmlichkeiten. Einkehrmöglichkeiten gibt es in Kleinstädten, an Raststätten oder in Cafés innerhalb oder in der Nähe von Besucherzentren. Es wird empfohlen, Führungen oder bestimmte Burgeintritte im Voraus zu buchen, insbesondere in der Hauptreisezeit.

Reisehinweise

Tagesausflüge in die Highlands sind mit langen Reisezeiten, wechselhaftem Wetter und abwechslungsreichem Gelände verbunden. Besucher sollten mehrere Schichten Kleidung, festes Schuhwerk und Regenschutz tragen. Um das Tageslicht optimal zu nutzen, ist eine frühzeitige Abreise unerlässlich. Planen Sie ausreichend Zeit für Pausen, kurze Spaziergänge und Fotoaufnahmen ein. Reisende sollten sich bewusst sein, dass einige Routen über enge oder kurvenreiche Straßen führen, die vorsichtiges Fahren erfordern. Öffentliche Verkehrsmittel für Tagesausflüge sind begrenzt, daher sind geführte Touren oder private Fahrzeuge die beste Wahl für Effizienz und Sicherheit.

Abschluss

Tagesausflüge in die Highlands ab Edinburgh bieten strukturierten und praktischen Zugang zu Schottlands Berglandschaften, historischen Stätten und malerischen Seen. Dank gut geplanter Routen, übersichtlicher Besucherservices und machbarer Wanderwege können Reisende die Highlands an einem einzigen Tag intensiv erkunden. Die Planung von Transport, Zeitplanung und Ausrüstung gewährleistet ein effizientes, sicheres und lohnendes Erlebnis und ermöglicht es den Besuchern, sowohl die natürlichen als auch die kulturellen Besonderheiten dieser ikonischen schottischen Region zu genießen.

Kapitel 10 – Wichtige Reisehinweise

10.1 Wetter im August und Packtipps

Das Augustwetter in Edinburgh verstehen

Edinburgh erlebt im August eines der beständigsten Sommerwetter des Jahres, bleibt aber mit seinen wechselhaften Wetterbedingungen typisch schottisch. Die durchschnittlichen Tagestemperaturen liegen typischerweise zwischen 15 °C und 20 °C (59 °F und 68 °F), während die Abende auf 10 °C–13 °C (50 °F–55 °F) abkühlen können. Regen ist sporadisch, mit gelegentlichen leichten Schauern oder Nebel, und starker Wind kann unerwartet aufkommen, insbesondere in höher gelegenen Gebieten wie Calton Hill oder Arthur's Seat. Die Bewölkung variiert und bietet sowohl heitere, sonnige Abschnitte als auch bewölkte Wetterbedingungen an einem Tag. Reisende sollten auf schnelle Wechsel zwischen Sonnenschein, Nieselregen und böigem Wind vorbereitet sein.

Überlegungen zu Temperatur und Tageslicht

Der August profitiert von langen Tageslichtstunden. Sonnenaufgang ist gegen 5:30 Uhr und Sonnenuntergang nach 21:00 Uhr. So bleibt ausreichend Zeit für Besichtigungen und Festivalbesuche. Während die Temperaturen im Allgemeinen mild sind, kann es am frühen Morgen und späten Abend kühl sein, insbesondere in Küstennähe oder auf höheren Lagen. Der thermische Komfort variiert je nach Aktivitätsniveau, Kleidungsschichten und Windeinwirkung. Für Outdoor-Aktivitäten wie Spaziergänge auf der Royal Mile, den Besuch von Open-Air-Tattoo-Proben oder eine Wanderung auf Arthur's Seat sollten Reisende mehrere Schichten Kleidung tragen, die je nach Wetterlage an- oder ausgezogen werden können.

Niederschlag und Luftfeuchtigkeit

In Edinburgh fallen im August durchschnittlich 50–60 mm Niederschlag, verteilt auf etwa 10–12 Tage. Der Regen ist eher leicht bis mäßig als lang anhaltende, heftige Regenfälle, aber plötzliche Schauer sind häufig. Die Luftfeuchtigkeit ist im Allgemeinen moderat, wodurch sich die Luft in Regenperioden kühler anfühlen kann. Wasserdichte Oberbekleidung, wie eine leichte, atmungsaktive Regenjacke oder ein kompakter Poncho, ist unerlässlich, um bei Spaziergängen oder Festivals im Freien bequem unterwegs zu sein. Wasserdichtes Schuhwerk oder Schuhe mit gutem Halt werden empfohlen, insbesondere für Kopfsteinpflasterstraßen, grasbewachsene Hänge und Bereiche in der Nähe des Schlosses oder des Holyrood Parks.

Wind und Mikroklima

Die Windverhältnisse in Edinburgh können je nach Standort stark variieren. Höhere Bereiche, offene Plätze und Uferlagen sind stärkeren Böen ausgesetzt als geschützte Straßen oder Gassen. Beispielsweise ist die Gegend um Calton Hill selbst an ansonsten ruhigen Tagen anfällig für Böen. Aufgrund des Mikroklimas in der Stadt kann sich ein Spaziergang durch die engen Gassen der Altstadt wärmer und weniger windig anfühlen als durch offene Straßen oder Hügelkuppen. Leichte, winddichte Kleidung, Schals oder kompakte Mützen sorgen für Komfort, ohne den Tagesrucksack unnötig zu belasten.

Sonnenschutz

Selbst bei häufigem Wolkenbelag kann die UV-Belastung aufgrund reflektierender Oberflächen und in höheren Lagen erheblich sein. Reisende sollten Sonnenschutzmittel mit mittlerem Lichtschutzfaktor, eine Sonnenbrille und einen Hut mitnehmen, insbesondere bei längerem Aufenthalt im Freien während der Mittagszeit. Auch bei Festivals, Spaziergängen und Open-Air-Veranstaltungen wie den Proben des Tattoos ist Sonnenschutz ratsam, insbesondere bei längerem Stehen oder Gehen.

Schichtstrategie für Komfort

Ein praktischer Ansatz für Kleidung besteht darin, mehrere Schichten zu tragen, um sich an wechselnde Bedingungen anzupassen. Eine typische Schichtstrategie für August umfasst:

- Basisschicht: leichte Baumwolle oder feuchtigkeitsableitendes Hemd
- Mittlere Schicht: dünner Pullover, Fleece oder langärmliges Oberteil für Wärme
- Außenschicht: wasserdichte Jacke mit Kapuze
- Unterteile: Wanderhosen; optional leichte Shorts für wärmere Tage
- Schuhwerk: bequeme Wanderschuhe, idealerweise wasserdicht oder wasserabweisend
- Accessoires: Schal, kleiner Regenschirm und ein Hut für Sonne oder Wind

Dieser Ansatz ermöglicht es Reisenden, sich schnell an sonnige Abschnitte, plötzlichen Nieselregen und kühlere Abende anzupassen und sich dabei sowohl in der Stadt als auch bei Open-Air-Festivals wohlzufühlen.

Packen für Festivals und das Stadtleben

Reisende, die das Royal Edinburgh Military Tattoo, das Fringe Festival und andere Veranstaltungen im August besuchen, sollten sowohl praktische als auch bequeme Dinge mitbringen. Ein kleiner, sicherer Tagesrucksack bietet Platz für wichtige Dinge wie Tickets, Wasser, Snacks, eine kompakte Regenjacke und eine Kamera. Festivalgelände können Beschränkungen hinsichtlich der Taschengröße haben. Daher ist es wichtig, sich vorab über die spezifischen Veranstaltungsrichtlinien zu informieren. Bequeme Wanderschuhe sind für gepflasterte Straßen, Treppen und Rasenflächen unerlässlich. Zusätzliche Dinge wie tragbare Ladegeräte, wiederverwendbare Wasserflaschen und leichte Kleidung können den Komfort an langen Tagen voller Sightseeing und Festivalbesuche erhöhen.

Vorbereitung von Abendveranstaltungen und besonderen Events

Abendveranstaltungen, insbesondere das Tattoo und andere Open-Air-Konzerte, erfordern möglicherweise zusätzliche Wärme. Eine leichte Jacke oder ein Pullover ist auch an warmen Tagen ratsam, da die Temperaturen nach Sonnenuntergang oft sinken. Bei Veranstaltungen auf erhöhten Plattformen, in Wassernähe oder im Freien sollte man sich auf Wind, kühlere Temperaturen und möglichen leichten Regen vorbereiten. Kompakte, tragbare Sitzpolster oder wasserdichte Decken sind nützlich für Proben im Freien oder beim Warten in Wartebereichen.

Überlegungen zu Gesundheit und Komfort

Die milden Temperaturen im August sind für die meisten Reisenden angenehm, dennoch ist es wichtig, ausreichend zu trinken, insbesondere beim Gehen oder Stehen während Festivals. Es empfiehlt sich, eine nachfüllbare Wasserflasche mitzunehmen.

Kleidung in mehreren Schichten ermöglicht eine Temperaturregulierung, und wasserdichte Kleidung schützt vor plötzlichen Regenschauern. Eine Reiseversicherung oder Informationen über lokale medizinische Versorgung sind ebenfalls ratsam, insbesondere für Besucher, die längere Wanderungen unternehmen, erhöhte Aussichtspunkte nutzen oder sich in Festivals aufhalten.

Abschluss

Das Wetter in Edinburgh im August ist meist mild, mit gelegentlichem Regen, Wind und wechselnden Temperaturen. Praktische Vorbereitung – Kleidung in mehreren Schichten, wasserdichte Ausrüstung, Sonnenschutz und bequeme Wanderschuhe – sorgt dafür, dass Besucher sich in der Stadt zurechtfinden, Festivals besuchen und Ausflüge in die Natur bequem unternehmen können. Das Wissen über Mikroklima, Tageslichtdauer und jahreszeitliche Schwankungen ermöglicht Reisenden eine effektive Planung und ein maximales Vergnügen. Sorgfältiges Packen sorgt dafür, dass sie sowohl für die Stadterkundung als auch für die Teilnahme an Festivals gerüstet sind. Durch die Vorhersage von Wetterlagen und die Vorbereitung geeigneter Kleidung und Ausrüstung können Besucher während ihres gesamten Edinburgh-Aufenthalts Komfort, Sicherheit und Effizienz gewährleisten.

10.2 Geld, Karten und Kosten in Edinburgh

Währung und grundlegender Finanzüberblick

In Edinburgh wird wie im Rest Schottlands mit dem britischen Pfund Sterling (GBP) bezahlt. Banknoten werden von schottischen Banken wie der Bank of Scotland, der Royal Bank of Scotland und der Clydesdale Bank neben den Standardbanknoten der Bank of England ausgegeben. Münzen gibt es im Wert von 1 Pence bis 2 Pfund. Besucher sollten sich sowohl mit schottischen als auch mit englischen Banknoten vertraut machen, da manche Einzelhändler möglicherweise zögern, unbekannte schottische Banknoten anzunehmen, obwohl sie in der Praxis im gesamten Vereinigten Königreich gesetzliches Zahlungsmittel sind.

Geldautomaten und Bargeldzugang

Geldautomaten sind in der Innenstadt von Edinburgh weit verbreitet, insbesondere in der Nähe wichtiger Verkehrsknotenpunkte wie Waverley Station, Haymarket Station und der Royal Mile. Die meisten Geldautomaten akzeptieren internationale Karten (Visa, Mastercard, Maestro), einige kleinere Automaten akzeptieren jedoch möglicherweise nur Bargeld für lokale Bankkunden. Es ist ratsam, Ihre Bank im Voraus über Ihre Reisepläne zu informieren, um Kartensperrungen aufgrund von Auslandstransaktionen zu vermeiden. Die Gebühren für internationale Abhebungen können je nach ausstellender Bank variieren. Es empfiehlt sich daher, die Gebühren zu prüfen und eine reisefreundliche Debitkarte in Betracht zu ziehen.

Nutzung von Kredit- und Debitkarten

Kredit- und Debitkarten werden in Edinburgh weitgehend akzeptiert, unter anderem in Hotels, Restaurants, Cafés, Geschäften und bei Sehenswürdigkeiten. Kontaktloses Bezahlen ist mittlerweile Standard, und die meisten Einrichtungen unterstützen Tap-and-Go-Zahlungen bis zu einem bestimmten Limit. Kartenzahlungen sind zwar praktisch, für kleine Beträge – beispielsweise beim Einkauf im Straßenverkauf, in kleinen Cafés oder auf lokalen Märkten – kann jedoch dennoch Bargeld erforderlich sein. Besucher sollten daher für diese Fälle einen angemessenen Bargeldbetrag mitführen. Kartenzahlungen vereinfachen auch Transaktionen in Taxis, bei Mitfahrdiensten und bei Führungen.

Trinkgeldpraktiken

Trinkgeld ist in Edinburgh üblich, aber nicht obligatorisch. In Restaurants ist es üblich, 10–15 % der Rechnung zu hinterlassen, wenn der Service nicht inbegriffen ist. Manche Restaurants berechnen automatisch eine Servicegebühr, in diesem Fall ist kein zusätzliches Trinkgeld erforderlich. In Cafés, zwanglosen Restaurants oder Fast-Food-Restaurants wird das Aufrunden auf das nächste Pfund oder ein kleines

Trinkgeld gern gesehen, ist aber optional. Taxifahrer und Reiseleiter erhalten in der Regel eine Aufrundung oder ein kleines Trinkgeld. Die Kenntnis der lokalen Trinkgeldnormen hilft Reisenden, ihr Budget genau einzuteilen, ohne zu viel zu bezahlen.

Typische Kosten für die Unterkunft

Die Unterkunftskosten variieren stark je nach Standort, Stil und Jahreszeit. Im August, wenn die Festivals ihren Höhepunkt erreichen, steigen die Preise deutlich an. Günstige Hostels oder Pensionen in der Alt- und Neustadt kosten in Mehrbettzimmern oder einfachen Zimmern ab etwa 35–50 £ pro Nacht. Mittelklassehotels kosten in der Regel 100–180 £ pro Nacht, während Luxushotels, insbesondere solche mit Blick auf die Burg oder in zentraler Lage, über 250–400 £ pro Nacht kosten können. Während der Festivalzeiten ist eine frühzeitige Buchung unerlässlich, um angemessene Preise zu sichern und die Nähe zu den Hauptattraktionen zu gewährleisten.

Essenskosten und praktische Tipps

Die Restaurantpreise variieren je nach Art und Standort. In gemütlichen Cafés oder beim Mitnehmen kann man zwischen 8 und 15 £ pro Mahlzeit bezahlen, während Mittagsmenüs oder Pub-Gerichte in der Regel zwischen 12 und 25 £ pro Person kosten. Abendessen in Mittelklasserestaurants können zwischen 25 und 50 £ pro Person kosten, in gehobenen Lokalen sogar über 60 £. Straßenimbisse und Festivalstände bieten günstigere Alternativen, oft zwischen 5 und 12 £ pro Gericht. Die Planung der Mahlzeiten nach Ort und Zeitpunkt – insbesondere während des Fringe- oder Tattoo-Festivals – hilft, die Kosten im Griff zu behalten und zu hohe Preise in der Nähe von Festival-Hotspots zu vermeiden.

Transportkosten

Die öffentlichen Verkehrsmittel in Edinburgh sind praktisch und kostengünstig. Einzelfahrkarten innerhalb der Stadt kosten je nach Entfernung zwischen 1,80 und 2,50 £, Tages- oder Mehrtageskarten kosten zwischen 4 und 12 £. Die Straßenbahn vom Flughafen ins Stadtzentrum kostet etwa 6,50 £ pro Strecke. Taxis und Mitfahrdienste kosten ab etwa 3,50 bis 4,00 £ zuzüglich Meile. Die Fahrtkosten variieren je nach Verkehr und Entfernung. Wenn Sie für den Transport etwas Geld einplanen, können Sie effizient zwischen Unterkünften, Festivalorten und Tagesausflügen hin- und herfahren.

Attraktionen und Veranstaltungskosten

In Edinburgh gibt es eintrittspflichtige Attraktionen, von kostenlosen Museen bis hin zu kostenpflichtigen Sehenswürdigkeiten. Museen wie das National Museum of Scotland oder die Scottish National Gallery sind in der Regel kostenlos, für Sonderausstellungen können jedoch Eintrittspreise zwischen 5 und 15 £ anfallen. Tickets für Edinburgh Castle kosten für Erwachsene etwa 20 £, Kinder, Studenten und Senioren erhalten ermäßigte Preise. Die Tickets für das Royal Edinburgh Military Tattoo kosten je nach

Sitzplatz und Datum stark, in der Regel 30 bis 80 £. Auch die Preise für Fringe-Shows variieren: Die Preise liegen je nach Veranstaltungsort und Beliebtheit zwischen 5 und 25 £ pro Vorstellung. Wenn Sie Ihre Tickets im Voraus planen, sichern Sie sich den Eintritt und vermeiden kurzfristige Preiserhöhungen.

Währungsumtausch und Gebühren

Geldwechsel ist bei Banken, Postämtern und Wechselstuben möglich. Wechselstuben an Flughäfen sind bequemer, bieten aber in der Regel günstigere Kurse. Hotels bieten möglicherweise Wechselservices an, die Kurse können jedoch höher sein als bei Banken in der Stadt. Mit Debit- oder Kreditkarte sind die Kurse oft günstiger als beim Bargeldwechsel, sofern die Karte keine hohen Gebühren für Auslandstransaktionen erhebt. Ein Kursvergleich und die Kenntnis der Transaktionsgebühren helfen Ihnen, Ihr Budget im Griff zu behalten.

Budgetierung für Festivals

Im August finden in Edinburgh mehrere Festivals statt, darunter das Tattoo, das Fringe Festival und das International Festival. Die Festivalteilnahme beinhaltet nicht nur Ticketkosten, sondern auch Verpflegung, Transport und Nebenkosten wie Souvenirs, Snacks und kurze Ausflüge. Ein sinnvolles Tagesbudget für Festivalbesucher umfasst 30–50 £ für Verpflegung, 5–12 £ für Transport und 20–50 £ für Tickets oder veranstaltungsbezogene Ausgaben. Die Berücksichtigung dieser Gesamtkosten hilft Besuchern, unerwartete finanzielle Belastungen zu vermeiden.

Sicherheit und praktische Tipps für den Umgang mit Geld

Das Mitführen mehrerer Zahlungsmittel, darunter ein kleiner Bargeldbetrag, eine primäre Debit- oder Kreditkarte und eine Ersatzkarte, verringert das Risiko bei Verlust oder technischen Problemen. Die getrennte Aufbewahrung von Bargeld und Karten an sicheren Orten, beispielsweise in Geldbörse und Rucksack, erhöht die Sicherheit auf überfüllten Festivalgeländen. Kontaktinformationen von Banken und Kartenanbietern sind im Notfall oder bei Streitigkeiten unerlässlich. Die Nutzung sicherer Geldautomaten an gut beleuchteten oder besetzten Standorten schützt zusätzlich vor Diebstahl und Betrug.

Abschluss

Für einen praktischen und komfortablen Aufenthalt in Edinburgh ist es wichtig, sich mit Geld, Kartennutzung und Kosten auszukennen. Britische Pfund sind Standard, und sowohl Bar- als auch Kartenzahlungen werden weitgehend akzeptiert, wobei kleine Bargeldbeträge für lokale Transaktionen nützlich bleiben. Die Planung von Unterkunft, Verpflegung, Transport und Festivalausgaben sorgt für eine realistische Budgetplanung, während die Kenntnis von Trinkgeldnormen, Ticketpreisen und Wechselmöglichkeiten den Gesamtkomfort erhöht. Durch sorgfältige Planung, stufenweise Budgetierung und sicheren Umgang mit Geldern können Reisende Edinburghs Stadtleben und die

Festivalsaison effizient meistern, unerwartete finanzielle Schwierigkeiten vermeiden und sich auf das Erlebnis selbst konzentrieren.

10.3 Sicherheit in Menschenmengen und bei Nacht

Verständnis für überfüllte Bereiche während Festivals

Im August ist Edinburgh aufgrund des Royal Edinburgh Military Tattoo, des Fringe Festivals und anderer kultureller Veranstaltungen sowohl von internationalen als auch von einheimischen Besuchern dicht bevölkert. Bereiche wie die Royal Mile, das Edinburgh Castle-Viertel, die Princes Street und Festivalgelände verzeichnen den höchsten Fußgängerverkehr. Große Menschenmengen können logistische Herausforderungen mit sich bringen, darunter langsamere Fortbewegung, längere Warteschlangen und ein erhöhtes Risiko von Kleindiebstählen. Reisende sollten diese Bedingungen berücksichtigen und sich entsprechend vorbereiten, indem sie Routen, Ankunftszeiten und Treffpunkte planen, wenn sie in Gruppen reisen.

Situationsbewusstsein und persönlicher Freiraum

In überfüllten Festivals ist es wichtig, die Situation im Blick zu behalten. Das Beobachten von Ein- und Ausgängen, Notbeschilderungen und Besucherströmen hilft, Orientierungslosigkeit oder Gefangensein zu vermeiden. Das Vermeiden überfüllter Bereiche zu Stoßzeiten, beispielsweise unmittelbar vor oder nach großen Veranstaltungen, reduziert Stress und Sicherheitsrisiken. Das sichere Tragen persönlicher Gegenstände – beispielsweise in einer Umhängetasche oder einem Rucksack mit Reißverschluss – minimiert das Risiko von Taschendieben, die auf belebten Straßen, an öffentlichen Verkehrsknotenpunkten oder in der Nähe von Sehenswürdigkeiten unterwegs sein können.

Sicherheit beim Reisen in Gruppen und alleine

Für Besucher von Veranstaltungen oder für alle, die sich in der Stadt bewegen, erhöht das Reisen in Gruppen sowohl die Sicherheit als auch die Orientierung. Gruppenmitglieder sollten Treffpunkte vereinbaren und über Mobiltelefone oder vereinbarte Signale kommunizieren. Alleinreisende sollten besonders aufmerksam sein, nach Einbruch der Dunkelheit abgelegene Straßen meiden und jemanden über ihre Reiseroute informieren. Die Kenntnis lokaler Sehenswürdigkeiten, Straßennamen und der Nähe von Verkehrsknotenpunkten ermöglicht eine effiziente Navigation zurück zur Unterkunft, falls der Andrang zu groß wird.

Sichere Nutzung öffentlicher Verkehrsmittel

Öffentliche Verkehrsmittel wie Busse, Straßenbahnen und Züge sind eine praktische Möglichkeit, zwischen Festivalgelände und Unterkünften zu reisen. In Stoßzeiten können die Fahrzeuge überfüllt sein, was das Risiko kleinerer Unfälle oder Diebstähle erhöht. Das Aufhalten in der Nähe von Fahrern oder in ausgewiesenen

Sicherheitszonen, das Aufbewahren persönlicher Gegenstände und das Vermeiden von Ablenkungen wie Smartphones können das Risiko verringern. Das Vorladen von Fahrkarten oder Tickets im Voraus gewährleistet einen schnellen Einlass und erspart das kurzfristige Hantieren mit Bargeld in überfüllten Umgebungen.

Sicherheitsaspekte bei Nacht

Abendveranstaltungen, insbesondere in der Altstadt und der Neustadt, erfordern aufgrund eingeschränkter Sicht, engerer Straßen und unebenem Kopfsteinpflaster besondere Wachsamkeit. Für nächtliche Aktivitäten empfehlen sich gut beleuchtete Straßen, bewohnte Gebiete und Hauptverkehrsstraßen. Das Vermeiden schlecht beleuchteter Gassen oder ruhiger Seitenstraßen minimiert das Risiko. Nächtliche Festivalveranstaltungen werden in der Regel mit Personal, Freiwilligen und Sicherheitspersonal organisiert. Reisende sollten jedoch auf Ausgänge, Notbeschilderung und Erste-Hilfe-Stellen achten.

Transport bei Nacht

Taxis, Mitfahrdienste und vom Hotel organisierte Transfers sind zuverlässige Methoden, um von nächtlichen Veranstaltungen zurückzukehren. Lizenzierte Taxis sollten über offizielle Taxistände oder Apps gebucht werden, und die Abholpunkte für Mitfahrdienste sollten sich an sicheren, gut beleuchteten Orten befinden. Alleine unterwegs zu sein, sollte sich nachts auf kurze, bekannte Routen oder Bereiche mit regelmäßigem Fußgängerverkehr beschränken. Die Vorausplanung der Route und das Aufladen der Handy-Akkus erhöhen die Sicherheit.

Umgang mit Taschendiebstahl und Diebstahl

Festivalbesucher bieten Gelegenheit für Taschendiebstahl. Reisende sollten Geldbörsen, Pässe und Mobilgeräte in Reißverschlussfächern oder Vordertaschen aufbewahren. Crossbody-Taschen mit dem Reißverschluss nach innen verringern die Anfälligkeit. Lassen Sie keine Gegenstände unbeaufsichtigt in öffentlichen Bereichen wie Cafés, Festivalsitzplätzen oder öffentlichen Verkehrsmitteln liegen. Geldgürtel oder versteckte Beutel bieten bei starkem Andrang zusätzliche Sicherheit für wertvolle Gegenstände.

Notfallvorsorge und lokale Dienste

Es ist wichtig, die örtlichen Notdienste zu kennen. Die Polizei in Edinburgh ist für Nicht-Notfälle unter der Nummer 101 erreichbar, während die 999 für Notfälle reserviert ist. Medizinische Hilfe ist in NHS-Einrichtungen und örtlichen Kliniken verfügbar. Größere Krankenhäuser sind mit öffentlichen Verkehrsmitteln oder dem Taxi erreichbar. Festivalgelände verfügen in der Regel über Erste-Hilfe-Stationen mit geschultem Personal. Reisende sollten sich außerdem über die Standorte der örtlichen Polizeistationen, Besucherinformationszentren und besetzten Transportterminals informieren, um im Bedarfsfall Unterstützung zu erhalten.

Praktische Kleidung und Ausrüstung für die Sicherheit

Schuhe und Kleidung spielen eine wichtige Rolle für die Sicherheit der Menschenmenge. Bequeme, geschlossene Schuhe mit gutem Halt verringern die Rutschgefahr auf Kopfsteinpflaster, nassem Asphalt oder unebenem Festivalgelände. Vermeiden Sie es, Ihre Tagesrucksäcke zu überladen; schwere oder sperrige Gegenstände können die Bewegung in überfüllten Bereichen behindern. Mehrere Kleidungsschichten ermöglichen es Reisenden, sich schnell an Temperaturschwankungen anzupassen, ohne ihre Mobilität oder ihr Situationsbewusstsein einzuschränken. Ein kleiner, kompakter Regenschutz sorgt dafür, dass Sie auf unerwartete Regenschauer vorbereitet sind und gleichzeitig die Hände zum Balancieren und Navigieren frei haben.

Verhaltensvorkehrungen bei Festivals

Ruhe und Geduld erhöhen die Sicherheit in großen Menschenmengen. Drängeln, Hetzen oder der Versuch, Warteschlangen zu umgehen, erhöht das Unfall- und Verletzungsrisiko. Reisende sollten die Signale der Menschenmenge beachten, den Anweisungen des Personals folgen und Absperrungen und Beschilderungen respektieren. Der Besuch von Veranstaltungen zu ruhigeren Zeiten, beispielsweise in der Pause, kann das Staurisiko verringern. Bei Veranstaltungen mit Sitzplätzen wie dem Tattoo sorgt das frühzeitige Auffinden der Ausgänge im Notfall für eine schnelle Abfahrt.

Digitale Sicherheit in Menschenmengen

In überfüllten Umgebungen steigt das Risiko von digitalem Diebstahl. Die Verwendung von Smartphones oder Tablets in sichtbaren Taschen oder das lose Tragen von Geräten kann Gelegenheitsdiebstahl begünstigen. Die Sicherung der Geräte in Reißverschlussfächern, die Verwendung von Diebstahlschutzzubehör oder diskrete Fotos verringern das Risiko. Reisende sollten außerdem öffentliche WLAN-Netzwerke ohne Verschlüsselung meiden, wenn sie Bankgeschäfte erledigen, Tickets kaufen oder persönliche Daten verwalten.

Planung für Müdigkeit und Gesundheit

Langes Stehen oder Gehen in dichten Menschenmengen kann zu Müdigkeit, Dehydrierung oder leichten Verletzungen führen. Reisende sollten ihr Tempo einhalten, Pausen in Cafés oder Sitzbereichen einlegen und Wasser und Snacks mitnehmen. Das Bewusstsein für persönliche Grenzen beugt Unfällen oder Fehleinschätzungen vor. Ausreichende Ruhe, Flüssigkeitszufuhr und Ernährung tragen sowohl zur Sicherheit als auch zum Spaß bei, insbesondere bei mehrtägigen Festivals.

Abschluss

Um während Festivals und nachts in Edinburgh sicher zu sein, sind Aufmerksamkeit, Vorbereitung und praktische Strategien erforderlich. Das Beherrschen überfüllter Bereiche, die Wahrung des persönlichen Freiraums, die Sicherung von Gegenständen und die Planung von Routen sowohl tagsüber als auch nach Einbruch der Dunkelheit sorgen für Sicherheit und Komfort. Die bewusste Nutzung öffentlicher Verkehrsmittel, die Wahl gut beleuchteter Wege und das Reisen in Gruppen erhöhen die Sicherheit. Die Vorbereitung auf wechselndes Wetter, Müdigkeit und digitale Sicherheit bieten zusätzlichen Schutz. Durch die Kombination von Situationsbewusstsein, praktischer Ausrüstung und fundierter Planung können sich Reisende effizient in Edinburgh zurechtfinden, sich auf das Festivalerlebnis konzentrieren und das Risiko während ihrer Bewegung durch die Stadt jederzeit minimieren.

10.4 Fehler, die Sie als Erstbesucher vermeiden sollten

Mit Blick auf Festivalzeiten und Menschenmassen

Einer der häufigsten Fehler von Erstbesuchern ist, den Einfluss der Edinburgher Festivalsaison auf das Stadtleben zu unterschätzen. Im August finden das Royal Edinburgh Military Tattoo, das Fringe Festival, das International Festival und das Book Festival statt, was die lokale Bevölkerungsdichte dramatisch erhöht. Viele Reisende erwarten ruhigere Straßen und finden sich in überfüllten Durchgangsstraßen, langen Warteschlangen vor Restaurants und begrenzten Unterkunftsmöglichkeiten wieder. Um Enttäuschungen zu vermeiden, ist es wichtig, Tickets, Unterkünfte und Transportmittel rechtzeitig zu buchen. Die Planung von Reiserouten ohne Berücksichtigung der

Stoßzeiten oder beliebter Festivalorte kann zu Zeitverschwendung und Frustration führen. Daher empfiehlt es sich, frühzeitig anzureisen oder Pausen während der Aufführung einzuplanen.

Vernachlässigung von Kleidung in mehreren Schichten und Wettervorbereitung

Ein weiteres häufiges Versäumnis ist die unzureichende Vorbereitung auf das wechselhafte Wetter der Stadt. Selbst im August erlebt Edinburgh schnelle Veränderungen mit Regenschauern, Wind und kühleren Abenden. Erstbesucher packen oft nur leichte Sommerkleidung ein oder haben keine wasserdichte Kleidung dabei, was bei Veranstaltungen im Freien, Spaziergängen oder Warteschlangen bei Festivals unangenehm ist. Mehrere Schichten Kleidung, eine kompakte Regenjacke und feste Wanderschuhe sind unerlässlich. Das Ignorieren dieser praktischen Anforderungen kann sowohl Komfort als auch Vergnügen beeinträchtigen, insbesondere bei Freiluftaufführungen oder Wanderungen zu Aussichtspunkten wie Arthur's Seat.

Unterschätzung der Gehentfernungen

Edinburghs kompakte Straßenführung kann für Neuankömmlinge trügerisch sein. Die Straßen in der Altstadt, der Neustadt und den Festivalzentren sind oft länger und unregelmäßiger, als Karten vermuten lassen. Besucher unterschätzen möglicherweise die Gehentfernungen zwischen Unterkünften, Verkehrsknotenpunkten und Festivalorten, was zu Müdigkeit, Verspätungen und verpassten Veranstaltungen führt. Planen Sie realistische Routen, rechnen Sie zusätzliche Zeit ein und nutzen Sie für längere Strecken öffentliche Verkehrsmittel oder Taxis, um sich reibungslos zurechtzufinden. Bequemes, stützendes Schuhwerk reduziert die Belastung bei längeren Gehstrecken auf Kopfsteinpflaster und unebenem Gehweg.

Fehler bei der Budgetplanung

Auch bei der Finanzplanung machen Erstreisende oft Fehler. Die Kosten für Unterkunft und Festivals in Edinburgh steigen im August stark an. Falsch eingeschätzte Ticketpreise, Restaurantkosten, Transportkosten oder Nebenkosten können zu hohen Ausgaben oder eingeschränktem Zugang zu wichtigen Erlebnissen führen. Ein Tagesbudget für Mahlzeiten, Transport, Attraktionen, Festivaltickets und Rücklagen hilft, die Kontrolle zu behalten. Die Kombination aus Kartenzahlung und Bargeld, die Kenntnis der Landeswährung und die Berücksichtigung von Trinkgeldpraktiken sorgen für ein realistisches Finanzmanagement.

Überspringen der Ticketvorreservierung

Viele Erstbesucher gehen davon aus, dass Last-Minute-Tickets für Veranstaltungen wie das Royal Edinburgh Military Tattoo oder Fringe-Aufführungen machbar sind. Während der Festivalsaison sind Tickets für beliebte Shows und Aufführungen oft Wochen oder Monate im Voraus ausverkauft. Wer sich nicht frühzeitig Tickets sichert, verpasst möglicherweise stark nachgefragte Veranstaltungen komplett. Die Überprüfung offizieller Websites, das Abonnieren von Newslettern oder die Buchung über seriöse Agenturen sichert den Zugang und reduziert Stress. Darüber hinaus hilft es, die veranstaltungsortspezifischen Regeln bezüglich Taschen, Kameras und Sitzplatzrichtlinien zu kennen, um Verzögerungen oder Einlassverweigerungen zu vermeiden.

Über- oder Falschpacken bei Tagesausflügen

Reisende, die zum ersten Mal reisen, packen häufig zu viel ein oder tragen unnötige Gegenstände mit sich, wenn sie sich durch überfüllte Straßen bewegen oder Festivals besuchen. Sperrige Tagesrucksäcke, schweres Gepäck oder übermäßiges Zubehör schränken die Mobilität ein und können die Anfälligkeit in überfüllten Bereichen erhöhen. Kompakte, übersichtliche Tagesrucksäcke mit wichtigen Gegenständen – Tickets, Geldbörse, Wasser, Snacks, leichtem Regenschutz und Telefon – sind weitaus praktischer. Übergepäck verringert nicht nur den Komfort, sondern kann auch die Fortbewegung in Warteschlangen, Verkehrsmitteln und überfüllten Straßen verlangsamen.

Ignorieren der örtlichen Etikette und Sicherheitspraktiken

Auch kulturelle und praktische Verhaltensregeln können vernachlässigt werden. So können Erstbesucher beispielsweise versehentlich den Fußgängerverkehr in engen Straßen blockieren, sich durch Menschenmengen drängen oder Sitzordnungen auf Festivalgeländen ignorieren. Das Verständnis der örtlichen Gepflogenheiten, das Befolgen von Anweisungen des Personals und die Beachtung der Beschilderung tragen zu einer reibungslosen Orientierung und einem sichereren Erlebnis bei. Ebenso werden Sicherheitsmaßnahmen bei Nacht, wie das Meiden schlecht beleuchteter Straßen, das Bleiben in belebten Gebieten und die Nutzung lizenzierter Verkehrsmittel, oft unterschätzt, was das Unfallrisiko erhöht.

Verlassen Sie sich ausschließlich auf Touristeninformationen

Viele Neuankömmlinge verlassen sich ausschließlich auf allgemeine Reiseführer oder Online-Reiseempfehlungen, ohne lokales Wissen zu berücksichtigen. Touristeninformationen bieten zwar wertvolle Orientierung, doch wer sich ausschließlich auf vorgefertigte Ratschläge verlässt, kann praktische Feinheiten wie Fahrpläne, Abkürzungen zum Festival oder ruhigere Aussichtspunkte übersehen. Die Kontaktaufnahme mit lokalen Mitarbeitern, Festival-Freiwilligen oder Unterkunftsanbietern für aktuelle, vor Ort gegebene Ratschläge sorgt für ein fundierteres Erlebnis. So erhalten Sie auch Informationen zu vorübergehenden Straßensperrungen, Verkehrsänderungen oder lokalen Wetterbedingungen, die die tägliche Planung beeinflussen können.

Mangelnde Flüssigkeitszufuhr und mangelndes Tempo bei Aktivitäten

Festivaltage und Stadterkundungen erfordern lange Strecken des Gehens, Stehens und der Bewegung im Freien. Erstbesucher vernachlässigen oft die Flüssigkeitszufuhr, die Ernährung oder das Tempo, was zu Müdigkeit, Unwohlsein oder verminderter Freude führt. Wasser mitzunehmen, Pausen zum Einplanen von Pausen und Mahlzeiten oder Snacks halten das Energieniveau aufrecht. Ein ausgewogenes Tempo bei Festivalbesuchen, Rundgängen und Besichtigungen sorgt dafür, dass lange Tage nicht zu anstrengend werden, insbesondere an überfüllten Veranstaltungsorten oder bei warmen Temperaturen.

Der Wert von Karten und Navigationstools wird übersehen

Trotz digitaler Karten und Apps ignorieren manche Erstbesucher deren Nutzen und gehen davon aus, dass Beschilderung allein ausreicht. Edinburghs verwinkelte Straßen, steile Gassen und parallel verlaufende Routen können verwirrend sein, insbesondere in der Altstadt. Die Nutzung digitaler Navigationstools, Offline-Karten und deutlicher Orientierungspunkte gewährleistet eine effiziente Fortbewegung zwischen Unterkünften, Verkehrsknotenpunkten und Festivalorten. Dies verringert die Wahrscheinlichkeit, sich zu verlaufen, Veranstaltungen zu verpassen oder zu spät zu geplanten Aufführungen zu kommen.

Falsche Einschätzung der Transportmöglichkeiten

Erstbesucher gehen oft davon aus, dass alle Wege in der Stadt zu Fuß zurückgelegt werden können oder dass jederzeit ein Taxi verfügbar ist. Während es in zentralen Bereichen sinnvoll ist, zu Fuß zu gehen, sind für längere Strecken zu Veranstaltungsorten in der Umgebung, zu Ausgangspunkten für Tagesausflüge oder in die Umgebung von Festivals öffentliche Verkehrsmittel, Straßenbahnen oder vorbestellte Taxis erforderlich. Das Ignorieren von Fahrplänen, Verkehrsspitzen oder Transportbeschränkungen kann zu Verspätungen oder verpassten Erlebnissen führen. Die Kenntnis von Buslinien, Straßenbahnlinien, Fahrkartensystemen und Fahrzeiten ist für eine zuverlässige Reise unerlässlich.

Abschluss

Das Vermeiden dieser häufigen Fehler verbessert das Erlebnis eines Edinburgh-Neulings, insbesondere während der intensiven Festivalsaison. Eine gute Planung in Bezug auf Unterkunft, Tickets, Finanzen, Wetter, Gehwege und Sicherheitsmaßnahmen sorgt für Komfort und Effizienz. Die Berücksichtigung lokaler Tipps, die Einhaltung kultureller Normen und die Vorbereitung auf praktische Herausforderungen – Menschenmassen, wechselhaftes Wetter und Transportlogistik – ermöglichen es Reisenden, sich sicher in der Stadt zurechtzufinden. Durch die Antizipation potenzieller Fallstricke und die Umsetzung fundierter Strategien maximieren Erstbesucher ihren Spaß, gewährleisten ihre persönliche Sicherheit und erleben einen reibungslosen, gut organisierten Edinburgh-Aufenthalt.

10.5 Checkliste eines Einheimischen vor Ihrer Abreise

Dokumente und Ausweise

Stellen Sie sicher, dass alle Reisedokumente aktuell sind, einschließlich gültigem Reisepass, erforderlichen Visa, Reiseversicherung und medizinischen Unterlagen. Führen Sie Kopien wichtiger Dokumente separat mit, für den Fall von Verlust oder Diebstahl. Halten Sie lokale Kontaktinformationen von Botschaften, Konsulaten und Unterkünften griffbereit. Zusätzlich kann eine digitale Kopie, die sicher auf einem Mobilgerät oder in einer Cloud gespeichert ist, im Notfall als Backup dienen.

Finanzielle Vorbereitung

Nehmen Sie Bargeld und Karten mit und machen Sie sich mit der Verwendung des Britischen Pfunds (GBP) vertraut. Stellen Sie sicher, dass mindestens eine Karte international gültig ist, und klären Sie die Abhebungs- und Transaktionsgebühren mit Ihrer Bank ab. Informieren Sie Ihre Bank über Ihre Reisepläne, um Kartensperrungen zu vermeiden. Legen Sie einen kleinen Notgroschen für unvorhergesehene Ausgaben wie Transportverzögerungen, kleinere medizinische Versorgung oder kurzfristige Ticketänderungen an. Wenn Sie die typischen Kosten für Unterkunft, Verpflegung, Transport und Festivaltickets kennen, können Sie vor der Abreise realistisch planen.

Grundlegendes zu Gesundheit und Sicherheit

Packen Sie ein kompaktes Erste-Hilfe-Set mit Verbandsmaterial, Schmerzmitteln, verschreibungspflichtigen Medikamenten und Hygieneartikeln ein. Informieren Sie sich über die örtlichen medizinischen Einrichtungen und Notdienste und informieren Sie sich über deren Lage in der Nähe Ihrer Unterkunft und der wichtigsten Festivalgelände. Für Festivalzeiten sollten Sie Handdesinfektionsmittel, wiederverwendbare Wasserflaschen und leichten Regenschutz mitnehmen, um unvorhersehbarem Wetter standzuhalten und die Hygiene in überfüllten Bereichen zu gewährleisten.

Kleidung und Ausrüstung

Planen Sie mehrere Schichten Kleidung ein, die dem wechselhaften Wetter im August entspricht, darunter eine wasserdichte Jacke, einen leichten Pullover und bequeme Wanderschuhe. Festes Schuhwerk ist für Kopfsteinpflaster, unebene Straßen und Veranstaltungen im Freien unerlässlich. Bringen Sie einen kleinen, sicheren Tagesrucksack für wichtige Dinge wie Tickets, Geldbörse, Wasser, Snacks und Telefon mit. Vermeiden Sie zu viel Gepäck, um auch in dichten Menschenmengen und auf langen Gehstrecken mobil zu bleiben.

Verkehrsplanung

Machen Sie sich mit dem öffentlichen Nahverkehr in Edinburgh vertraut, einschließlich der Fahrpläne für Busse, Straßenbahnen und Züge. Nutzen Sie Fahrkarten oder Tageskarten, um kostengünstig zwischen Festivalorten, Unterkünften und

Ausflugsorten zu reisen. Beachten Sie die Standorte von Taxiständen und Mitfahrgelegenheiten für bequeme Fahrten bei Nacht. Eine frühzeitige Planung reduziert Stress und sorgt für eine pünktliche Ankunft bei Veranstaltungen.

Informationen zu Unterkunft und Zugang

Bestätigen Sie Ihre Reservierungen, einschließlich Check-in-Zeiten und Wegbeschreibungen von wichtigen Verkehrsknotenpunkten oder Festivalgeländen. Beachten Sie gegebenenfalls die Barrierefreiheit und nennen Sie nahegelegene Geschäfte, Cafés oder Dienstleistungen. Klare Wegbeschreibungen zu Ihrer Unterkunft und alternative Routen ermöglichen Flexibilität bei festivalbedingten Straßensperrungen oder Transportverzögerungen.

Festivaltickets und Eventplanung

Sichern Sie sich Tickets für Aufführungen wie das Royal Edinburgh Military Tattoo, Fringe-Shows und andere Veranstaltungen im August. Informieren Sie sich über Sitzordnung, Einlasszeiten und die Vorschriften des Veranstaltungsortes bezüglich Kameras, Taschen und verbotener Gegenstände. Die Planung der jeweiligen Veranstaltungen hilft, Terminkonflikte zu vermeiden und Zeit für einen effizienten Wechsel zwischen den Veranstaltungsorten zu schaffen. Erwägen Sie eine Vorabbuchung für stark nachgefragte Aufführungen, um Enttäuschungen in letzter Minute zu vermeiden.

Lokale Etikette und kulturelles Bewusstsein

Machen Sie sich mit den grundlegenden lokalen Gepflogenheiten und Gepflogenheiten vertraut, darunter dem Fußgängerverkehr in engen Gassen, den Warteschlangenregeln und dem respektvollen Verhalten an Veranstaltungsorten. Die Kenntnis der Trinkgeldregeln in Restaurants, Kneipen und Taxis gewährleistet einen angemessenen Umgang mit dem Servicepersonal. Die Kenntnis dieser sozialen Gepflogenheiten trägt zu einem reibungslosen und angenehmen Erlebnis bei und verringert das Risiko, Einheimische oder andere Besucher versehentlich zu beleidigen.

Kommunikation und Konnektivität

Stellen Sie sicher, dass Ihre Mobiltelefone mit lokalen SIM-Karten oder internationalem Roaming einsatzbereit sind. Halten Sie Notfallnummern, Unterkunftskontakte und Karten digital und in gedruckter Form bereit. Nutzen Sie tragbare Ladegeräte oder Powerbanks, um die Akkulaufzeit an langen Festivaltagen zu verlängern. Zuverlässige Kommunikation erleichtert die Navigation und sorgt für Sicherheit in überfüllten Umgebungen.

Überlegungen zu Gesundheit und Ernährung

Achten Sie auf ausreichende Flüssigkeitszufuhr, insbesondere bei Outdoor-Festivals und Wanderungen. Packen Sie kleine Snacks oder Energieriegel ein, um an langen Tagen

Energie zu haben. Suchen Sie in der Nähe nach Cafés oder Lebensmittelgeschäften für schnelle Mahlzeiten. Wenn Sie sich über Ernährungsbedürfnisse und die Verfügbarkeit lokaler Lebensmittel informieren, können Sie entspannt und praktisch essen.

Sicherheit und Personenschutz

Bewahren Sie Wertgegenstände sicher in Reißverschlussfächern oder Diebstahlsicherungen auf. Vermeiden Sie unnötiges Mitführen großer Bargeldmengen und seien Sie in überfüllten Bereichen aufmerksam. Reisen Sie nach Möglichkeit in Gruppen, insbesondere nachts, und nutzen Sie gut beleuchtete Straßen und öffentliche Verkehrsmittel. Die Kenntnis der Notdienste und Erste-Hilfe-Stationen auf Festivalgeländen erhöht die Bereitschaft für unerwartete Zwischenfälle.

Technologie und Navigationstools

Laden Sie Karten, Veranstaltungspläne und Transport-Apps für einen einfachen Zugriff auf Ihre Mobilgeräte. Offline-Karten sind bei schlechtem Empfang oder Geräteproblemen hilfreich. Stellen Sie sicher, dass Tickets und Reservierungen digital verfügbar sind und wenn möglich in gedruckter Form gesichert werden, um technische Komplikationen am Eingang zu vermeiden. Diese Tools vereinfachen die Navigation und das Zeitmanagement während der Festivalsaison.

Letzte Vorbereitungen

Überprüfen Sie die Wettervorhersage, bestätigen Sie Buchungen und gehen Sie den Tagesablauf durch, bevor Sie jeden Morgen Ihre Unterkunft verlassen. Tragen Sie das Nötigste in einem geordneten Tagesrucksack, kleiden Sie sich den Bedingungen entsprechend und gehen Sie Ihre Aktivitäten so langsam an, dass Sie nicht ermüden. Informieren Sie sich über Menschenansammlungen, Transportmöglichkeiten und Notfallmaßnahmen vor Ort, um Komfort und Sicherheit zu gewährleisten.

Abschluss

Eine Checkliste für Einheimische sorgt für eine gut vorbereitete und praktische Reise nach Edinburgh, insbesondere während der Festivalsaison im August. Durch die systematische Beachtung von Dokumenten, Finanzen, Gesundheit, Kleidung, Transport, Tickets, Etikette, Kommunikation, Ernährung, Sicherheit und Technologie können sich Erst- und Wiederreisende effizient in der Stadt zurechtfinden, Stress reduzieren und den Aufenthalt maximal genießen. Gute Planung, Bewusstsein und Vorbereitung bilden die Grundlage für ein reibungsloses, sicheres und lohnendes Erlebnis in Edinburgh.

Printed in Dunstable, United Kingdom